U0055753

SHO**P**PING

E**A**TING

RELAXING

TRAVELING

YES!

19
種你沒見過
北海道

火車慢跑！

張國立＋趙薇

目錄

えきから 日本全國交通資訊網站

http://www.ekikara.jp

只要輸入想去的站名，和出發地，網站就能列出路線和所需車資。另外還能查詢特定路線的完整時刻表，以及日本國內航空相關資訊。對於自助旅行的人來說非常方便！

じゃらん 日本全國住宿資訊網站

http://www.jalan.net

用這個網站，就可以找到最理想的住宿。輸入日期、人數，預算上下限後，網站可以過濾出符合需求的住宿選項。不懂日文的話也沒關係，網站有中文版可使用！

楽天トラベル 日本全國住宿資訊網站

http://travel.rakuten.co.jp

要找住宿地點時，樂天也是很方便的網站。同時還可以購買車票，另外也能查一些觀光資訊喔！

北海道觀光旅遊網 北海道官方製作的觀光網站

http://tw.visit-hokkaido.jp

本網站介紹了北海道的人文地理、風土民情，同時列出自助旅行不能錯過的在地美食和特色祭典。要去北海道的人建議可以多多利用這個網站，增進對北海道的認識！

前言——
趙領隊與張行李員的北海道鐵路之旅

「陰天」趙領隊的計畫

　　旅行的方式有很多種，我和張國立最常使用的就是鐵道旅行，不僅在日本，遠的連在東歐也成。搭火車旅行的好處很多，首先就是輕鬆，人在異地不必眼不離地圖才可以好好欣賞風光。

　　有一次搭台鐵環島遊台灣之後，突然想到其實也可以試試北海道環島一周呢？北海道面積只不過台灣的兩倍多，基本上分為道北、道央、道南和道東，鐵路都有到達重要城市，再從這些重要城市轉搭其他交通工具出遊，不是不可能，應該會很好玩。

　　於是，旅行的目標確定，一：搭特色火車，吃鐵路便當。二：火車到不了的地方，就轉搭巴士盡量去到邊陲城市。三：吃遍北海道的海鮮。

　　安排行程最麻煩的一件事就是查詢火車時刻，還好找到一個網站，只要輸入出發和抵達的地點，就會列出距離、花費時間和票價，還有轉車次數和車站，這個部分是最重要的，一不注意就會忘了要下車轉乘，我就碰過這樣的意外，結果多花了兩個小時耗在車站裡。除此之外，像是 SL 蒸汽火車或小火車等都是季節或週末限定，前後行程也都要配合，因此，想要一次假期完成環島一圈是

可以，但不可能搭到全部
的特色列車。

　　日本消費高是出了
名的，尤其是交通費。因
為是長距離多次用到 JR
PASS，也就是北海道鐵道
為了吸引外國人而推出的
優惠票，有的時候用三天
的，有的考量不連續使用而買了彈性四天的，這部分在出發前就必須做好計
畫。我記得第一次為了考慮買連續還是買彈性的在櫃台前算半天，計算分別
賺多少。售票小姐雖然很有耐心，但是眼神透露出都已經優惠了還在算什麼
呢？真的不必計較太多，只要一天搭上超過三個小時的特急列車就一定划
算，最重要的是方便。

　　至於住宿，為了搭車方便，大城市就住在站前，到了鄉下有民宿就住民
宿，省錢為第一考量。這部分就見仁見智了，我喜歡住民宿，但還是因為考
量交通方便，不得不選擇靠近車站（甚至巴士站）的附近，少了選擇性。而
原本很排斥大車站的站前商業旅館，還好選到的都不錯：有的附大浴場，平
衡了不能住高級溫泉旅館的遺憾。有的剛裝修完成，房間很新很乾淨，服務
人員很親切，都留下了好印象。

　　於是，在分為三次的鐵道旅行中，我和張國立去了南部日高山脈底端的
襟裳岬，最東端根室半島的納沙布岬，最北城市稚內的宗谷岬，西邊呢，很
可惜，雖然江差沒去成，倒是去了日本海沿岸的增毛。

　　自助旅行是非常自我的，如果要互相將就會顯得沒有個性。這次由我主

導路線，從哪裡出發到哪裡結束，在哪裡住宿吃什麼便當都由我規畫。張國立計較他算什麼？我想起在台灣環島時，每到有坡或是樓梯時，小姪女總是喊：「喂，副隊長，幫忙一下。」張國立總是很無奈地說：「我今天不是輪到副隊長嗎？為什麼搬行李又歸我了？」很好，就命他當行李員吧！我呢，就是旅行中的便當負責人。

　　負責買便當也不是一件簡單的工作。別說全日本了，單是北海道的便當就有上百種，每個地方都有自己的特產，於是有的便當就是車站限定（又來了），而且為了好好記錄，要分配好不能重複，雖然出發前也做了調查，哪個車站哪條路線哪個必吃，到了當地卻又是另一回事，有的賣完了，有的是出發太早還沒開始賣，而我的個性又貪心，每種都想吃，下不了決心，好幾次多買了只好留到隔日。

　　就這樣，十二條主要鐵道，不包括地方路線，不包括重複搭乘的就超過三千公里，還有不只二十個鐵路便當，再加上各地風光，人情、美食、文化歷史體驗，成為我對北海道滿滿的回憶，記錄在這本書裡。

　　還記得最後一次結束行程前我跟張國立說：不要再玩日本了，下次一定要去歐洲。可是，就在把記憶化為文字的此時，我的心又回到那一片土地上，在那時曾狂妄地說：「No more Kani，No more Uni，No more Sashimi。」（意思是吃夠螃蟹、吃夠海膽、吃夠生魚片了。還押韻呢！）而現在，北海道豐富如珠寶盒的海鮮便當卻一再一再地躍出記憶，新鮮而幸福的滋味。

　　我很想說：請，再，給，我，一碗滿滿的海鮮丼吧！

「太好了」張行李員多聽話

　　旅行時有人排好行程、買好便當、訂好旅館、查好餐廳，其實很不錯，只要必要時把兩扇耳朵與一張嘴關起來，也還能和平過日子。不過依然有問題，領隊的計畫不容一絲一毫改變，只要稍有變化，不得了，明明晴空萬里，一下子烏雲密布。

　　在稚內火車站曾遇到一家台灣人，顯然由女主人負責一切，但見她忙著問時刻問月台，再問旅客服務中心怎麼搭巴士、怎麼去宗谷岬。那是二月的冰冷季節，那位老公站在站內一角笑瞇瞇看著計畫在複雜的過程中悲壯地進行，而小學生模樣的兒子則到處張望。

　　是的，一個家裡只能有一個領隊，其他成員若太多意見，除了討人厭並製造旅途糾紛外，別無其他好處。

　　那天台灣來的兩個領隊聊起天，兩位行李員則各據一角，遙遙以會心的微笑表達彼此的諒解。

　　我剛通過外語領隊的考試，在上課期間得到一個啟示，領隊必須有晴天的個性，遇事絕對用樂觀的態度去解決，若是個性有點陰天，團員——尤其是行李員——就得發揮「太好了」的本領，才能逢凶化吉，普天同慶。

　　舉例來說，某天在洞爺湖畔誤了巴士，接下來趕不上火車，就不能即時抵達室蘭，也許著名的地球岬因而颳起狂風暴雨，當地所有旅館拒絕營業，然後觀光客便飢寒交

迫流落於天涯海角。下班巴士要兩個小時之後，恰好往相反方向的巴士來了，這時張行李員覺得有巴士就該上，拉著領隊登上車後，因計畫生變而迷失的趙領隊仔細研究巴士路線圖，她陰沉著臉說，中間有一點叫「伊達紋別駅」，看起來像是火車站，何不在那站下車換火車？

張行李員連巴士圖也不用看，直覺反應地回答，太好了。

這樣你們了吧。

再如住進稚內宗谷岬的小民宿，但聽得整夜海風颼颼叫，吹得窗戶吭吭響，這時張行李員忽然被趙領隊推醒說，外面好像有人。

深更半夜不管小偷或惡鬼發神經病才會想在零下十一度的溫度裡出門謀財害命，於是張行李員翻了個身說，太好了。

張行李員的意思是，荒郊海濱竟有鄰居，不是很好嘛。不過隨即趙領隊又說，好像是一頭鹿。張行李員再翻個身說，太好了。

到了接近俄羅斯北方四國的根室半島，坐著幾乎無人的巴士穿過凍原抵達納沙布岬，才下車站在站牌前便幾乎有凍成冰棒的感覺，而巴士走了，眼前是一片白雪，這時趙領隊說，我們好像應該往海邊走。張行李員什麼也沒說，提起腳就走。半小時後被海風吹得臉上發痛，而所有餐廳小店都沒開

門，想喝碗紅豆湯都不可能，這時陰天個性的趙領隊說，怎麼辦，沒有紅豆湯喝？這時張行李員——對了，張行李員照樣說，太好了。

挨罵，在鄂霍次克海刮人的海風之中，趙領隊的罵聲比風聲更烈更韌，她說：

「回去的巴士還要等半個多小時，好什麼好！」

這時張行李員怎麼辦——對了，再說，太好了。

趙領隊為什麼「陰天」？這麼說，無論到哪個有賣「駅弁」的車站，她都急著買便當，但剛吃過中飯，吃不下便當怎麼辦？說也奇怪，便當突然神秘消失。到了晚上有民宿或餐廳可吃，半夜沒有吃消夜的習慣，「駅弁」莫非偷偷快遞回台北了？到第二天中午在另一趟火車旅程中，趙領隊忽然再掏出原該消失的過夜便當問：要不要吃便當？北寄貝的和鮭魚親子飯的，你要哪個？

老天，一路上幾乎都吃隔夜便當，有必要這樣「存」鐵道便當嗎？

對，你們都是聰明人，無論什麼時候出現幾天前幾個月前幾年前的便當，我們都乖巧懂事又可愛地說，太好了。

如此配合領隊的行李員也有挨罵的時候，例如趙領隊經常如老鷹看蟑螂、太陽看手電筒、西北風看扇子、雷公看豆腐般兩眼炯炯有神地盯著張行李員無知無辜甚至有點無奈的無可不可臉孔說：

「什麼都太好了，你能不能有點個性有點主見？帶你出來不如帶切菜板。」

這時又該怎麼處理？對，我們行李員都毫不遲疑地說：

「太好了。」

出發就是一種幸福——日高本線

這條日高路線又因為沿線沒什麼重要城市，所以連特急列車也沒有，
只能搭著單節柴油車慢慢地搖搖晃晃一路南下……

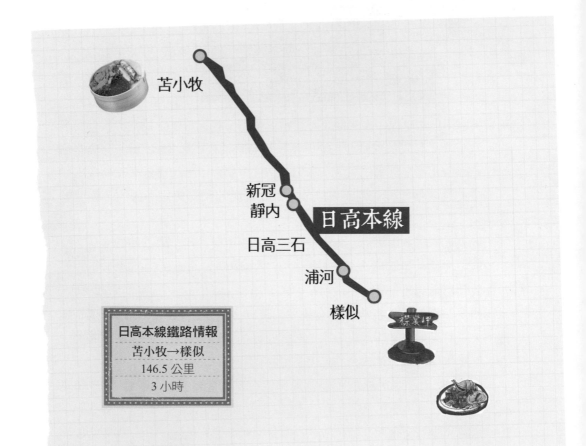

苫小牧

新冠
靜內　　日高本線

日高三石

浦河

樣似

日高本線鐵路情報
苫小牧→樣似
146.5 公里
3 小時

　　旅行，有時候是沒有目的的漫遊，有的時候是為了目標而前進。在北海道的火車旅行第一趟搭乘的是日高本線，目的地：太平洋，而且是海角伸入太平洋的襟裳岬。

　　一直都對太平洋有很深的嚮往。在台灣偶爾心血來潮會開車往北海岸，一路從東北角開到宜蘭，那種臨著太平洋的心情不知為什麼就是比台灣海峽來得澎湃。還有，去花東旅遊一定要在台 11 號公路上開車，沿著太平洋而行的心情就等於度假。而搭南迴鐵路在台東太麻里前後也是一路太平洋讓人悠閒發懶的氣氛。

　　搭日高本線就有這樣的感覺。

日高本線是單節列車，可見得搭乘人數不多。在車頭上註明「ワンマン」指的是一人服務（one man），車廂上還繪有山、海和馬的標幟，充分代表日高地方的特色。

　　日高本線從苫小牧起站沿著太平洋岸一路往南，要到襟裳岬的話必須在終點「樣似」（Samani）換搭巴士。從札幌出發必須先搭上室蘭本線到苫小牧轉車。苫小牧（Tomakomai）日文發音一定要記清楚，免得到時候想問路，用中文發音日本人會傻眼。

　　前半趟即使是快車也得要一個小時，後半段得再花三個小時。北海道到二〇一五年前都還沒有新幹線，最多也只有特急。而這條日高路線又因為沿線沒什麼重要城市，所以連特急列車也沒有，只能搭著單節柴油車慢慢地搖搖晃晃一路南下。

駅弁裡的豐盛海鮮之旅

　　苫小牧是個著名的工業城，「Tomakomai」在愛伊努語裡意思是「沼澤深處的河川」。

　　在北海道，由於歷史的關係，很多地名都是把原住民愛伊努族的古語音譯成漢字，所以北海道有很多地名明明是漢字卻連日本人都不會讀。像是釧路附近有個地名叫「大樂毛」，讀音為「Otanoshike」，在愛伊努語裡是「沙灘的中央」。可是留萌本線終點站的「增毛」（Mashike），明明也是毛，意思卻是「海鷗多的地方」。在北海道有很多地名都是這樣，將古地名取其音似掛上漢字就是了。

　　苫小牧站有個名物——駅弁（車站便當）。在日本，搭火車一定會聯想到便當。

　　北海道四面臨不同的海域，海產豐富是出了名的，而每個地方又有自己的特產，當地就會用這種名產打出特色便當，內容當然不出豐富的海鮮材料。最有名的就是螃蟹和海膽還有干貝或是鮭魚子等等高檔海鮮的便當，儘管動輒數百甚至上千日圓，但是能把這種奢侈享受帶上火車是更高一層的幸福。

　　搭乘日高本線要注意的是：只有起站苫小牧和中點站靜內有賣便當，如果這兩站沒有買些吃的喝的，一路上三個小時都只能餓肚子。還有一點，苫小牧站內賣便當的地方不是在站內販

位在苫小牧月台天橋上的便當販賣處，這裡最有名的便當是鮭魚壽司和螃蟹散壽司。

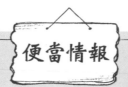

便當情報

便當名稱：豪華極上三色海鮮便當
購買地點：新千歲機場

豪華極上三色便當最可怕的是那「極上」兩個字，價值兩千五百日圓，合台幣要八百塊錢，太豪華了。就因為怕浪費了才放到第二天帶上火車，因為氣溫低，我把便當直接放在窗邊天然冷藏。也可能因為這個便當用的是醋飯，加上蟹肉棒煮過，海膽蒸過，鮭魚子是醬油醃過，都不是生鮮品不容易壞的緣故吧，運氣好，米飯沒有變硬，海鮮也沒壞。
水煮過的蟹肉棒還是很有彈性，肉質甜美，一點都不馬虎。至於海膽，因為稍微蒸過，口感更為扎實，雖然少了生吃的甘甜，但是仍然吃得出新鮮。前面兩種都是單獨品嘗，再來就用鮭魚子來配飯囉，噗哧地迸出油脂是吃鮭魚子的醍醐味，因為新鮮加上適當的醬油醃漬過，只要少許幾顆魚子夾上一大口飯仍然能感受到魚子的風味，我想應該沒有人不敢吃這麼美味的鮭魚子吧？

便當名稱：鮭魚親子大飯糰
購買地點：新千歲機場

「鮭魚親子大飯糰」又暱稱空姐飯糰，是新千歲機場佐藤水產商店才有的特色產品。據說是因為空姐趕時間沒空坐下來慢慢吃便當，因而常買，所以有了這個暱稱。用北海道當地產的夢幻米兩碗的飯量，有三種內餡，我買的是裡面夾了醃鮭魚肉和鮭魚子的綜合口味，鹹味適當，餡料也給得不小氣，吃起來很過癮。尤其要說的是：為什麼日本飯糰的海苔軟了潮了還是很好吃，不像台北有些餐廳裡如果海苔一放久就咬不動，整個都失色了。
我因為太愛這個飯糰，有一次北海道朋友佐藤先生要來台北問我要帶什麼？我毫不客氣地說要這個，誰知道他老兄那次竟然有事先飛到大阪，第二天才到台北，等我吃到時發現裡面海鮮已經壞了。我相信這位老先生一定沒想到保存的問題，而且他還買了六個。

若不是要去襟裳岬或廣尾，誰會來到這個樣似車站呢？

賣店，而是在月台中間的天橋上。雖然我聽過這個情報，在只有十分鐘的轉車時間內，仍緊張兮兮地找到賣便當的攤子，鬆了一口氣。張國立對於我拚了老命找便當卻又不買的行徑感到不解，給了我一個「搞什麼啊」的表情。

　　三個小時車程不算短，但是因為剛出發，隨著窗外風景一路變化也不覺得無聊。

　　從亂糟糟的城市風光離開，窗外景觀進入一片乾枯枯的蘆葦地，以前愛伊努人稱「沙流」，就是形容海邊的濕地除了蘆葦什麼也沒有。火車經過富川站後一個大轉彎，越過沙流川，鐵道離太平洋又更近了一些，接下來就一直沿著海岸而行。右手邊是日高山脈的垂直山壁，左手邊是廣闊的太平洋，鐵道就夾在山與海之間前進，感覺像是南迴鐵路進了東海岸在多良站附近的海岸線一樣壯觀。

　　當我還在為美麗風光歡呼之際，原本還在打盹的張國立突然發聲：「便當呢？」

　　將——將——將——將——謎底揭曉！前一天抵達新千歲機場時買的豪華海鮮便當和一個有兩碗飯那麼多的超大飯糰。

★ 日高本線 樣似駅 ★

「沒辦法，這三色海鮮便當看起來太好吃，空姐飯糰也只有新千歲機場才有，誰教昨天晚上佐藤先生請吃壽司，便當沒機會吃只好帶上路囉！」

看似嫌棄，張國立還是吃得津津有味。這便當，太奢侈了！

在日本旅行為便當而開心或煩惱的情形不是第一次，可是這趟是以火車為交通工具的環島之旅，之後為駅弁傷腦筋的情形更是一再發生。

一邊數著站名，不知不覺車子已快到中間點新冠（Niikappu）。日高地方牧業發達，尤其飼養比賽用純種馬更是全國知名。據說是因為氣候在北海道算是比較溫暖而且下雪少的關係，地方內大大小小總數大概有一千個牧場，佔了全日本八成。這些牧場大多集中在新冠到靜內的這一段路線周圍，所以車窗外偶爾可見牧場內的馬兒低頭吃草，運氣好的話還能看到馬匹小跑步的神氣模樣。

而到了靜內（Shizunai）站時，車長竟然宣布停留二十分鐘，是讓大家找東西果腹嗎？車上已經空蕩蕩了，又有一些人下車，有人抽菸有人拍照。我也跟著到這條沿線最大車站參觀去。二〇〇一年更新的站舍果然和其他貨車改成的站舍大不相同，別說擺著雜誌、書籍的舒適候車室了，

沿路經過許多無人站，包括這個「木棞站」。舊站舍上面還掛著火車駕駛三要注意：手指，唸名，復誦。而我搭車也有三要件就是：便當，茶水，導覽書。

日高本線車窗看出去的風景，沿著海岸滿是蘆葦，愛伊努人稱為沙流。

還有小型的便利商店和站著吃的蕎麥麵店（立ち食いそば）。可是我卻遍尋不著便當。

剛剛不是才吃過嗎？這人又在旁邊嘀咕著……

還好，這裡的便當是在便利商店販賣的幕內便當（很像台灣菜飯分格盛裝的便當盒），再則就是蕎麥麵店兼賣的豆皮壽司。真的還好，沒吃虧，剛剛吃掉的是海膽、螃蟹和鮭魚子超豪華海鮮便當。

從靜內再出發後途中仍是一路美麗太平洋岸風光。可惜的是經過浦河站附近並沒有看到鐵軌旁曬昆布的景象，昆布是七月到九月的產物，漁民們撈上來後就直接鋪在沙灘上日曬，這就是日本有名的日高昆布，走的時候一定要買一點。

張國立又說了：旅程才剛開始耶！

終於來到了日高本線的終點站──樣似（Samani）。從靜內站開始，車上就已經沒什麼乘客，終點竟然只剩下我和張國立，似乎和樣似車站前空曠模樣相呼應，什麼都沒有。倒是公車總站造得跟個童話屋一樣。樣似，好像只為了轉車去襟裳岬（Erimomisaki）或廣尾（Hiro-o）而存在。

要不是為了前往北海道最南端陸地的

襟裳岬，誰會來到樣似站呢？

襟裳岬美麗風光──入住海角民宿，完食生魚片大餐

　　火車到不了的地方我們就轉搭北海道JR巴士，又搖晃了一個鐘頭。經過一路什麼都沒有的長途跋涉，看到襟裳岬的風光時，只能用一句話形容：不虛此行。

　　日高山脈是北海道南部有名險峻的山脈，從佐幌岳起南北長一百五十公里，到了襟裳岬伸進太平洋裡還一路綿延長達七公里，大小礁岩露出水面的景觀形成美麗的海角風光。

　　襟裳岬又是黑潮和親潮的交會地帶，不僅風勢大也容易起霧。一年之中風速超過十公里的日子有一百九十天，我們到的那天是另外的一百七十天之一，既沒風也沒霧。如果要體驗強風吹襲的感覺，可以花三百圓買門票進風的博物館。可是我比較想看霧耶。

　　張國立：「妳不要說妳是台灣來的。」

　　提起襟裳岬，日本人就算沒到過這裡，也一定聽過老牌男歌星森進一唱的同名演歌，鄧麗君也曾經翻唱過：「**海邊掀起浪濤，激動我的心……愛人，我的愛**

襟裳岬的峭壁。

上：襟裳岬的民宿山水閣提供的晚餐是綜合生魚片。下：其中還有一大個螺貝沙西米，果然是北海道豪邁的作風啊！

人，我等著你回來訴說情懷……」

我覺得原曲形容得更貼切：

「在北方的街道裡，人們把悲傷丟進暖爐燃燒了吧！正為一些莫名其妙的事情而煩惱的同時，不知不覺年華已漸老去。把默默經過的歲月撿拾並聚集起來，互享溫暖吧！襟裳的春天是一無所有的春天……」

這麼寂寥蕭條的歌詞，形容的正是面對一望無際太平洋的襟裳岬給人的感覺。什麼都沒有啊！除了匆匆忙忙開車來看襟裳岬的遊人，連當地居民都沒有看到半個。還好我訂了民宿，就在襟裳岬角旁，心裡納悶：怎麼會有人把房子蓋在這裡呢？不是天天吹海風吹到怕嗎？

看中民宿「山水閣」除了地點就近，重要的是晚餐提供綜合生魚片，而且還是送到房間裡來的，我想其實是因為只有我們一組客人。可是呢，這天，我還沒體驗到風的可怕，卻頭一次吃生魚片吃到怕。

鐵道環島之旅的下一站是釧路。這附近的鐵路並不興盛，選擇到襟裳岬來之前就知道，從樣似轉搭巴士來，當然也就必須搭巴士出去，要前往釧路必須先到廣尾，再轉巴士到帶廣，才能重新接上鐵道。

我一心期待接下來的旅程，不知道日後會這麼想念襟裳岬。

1：襟裳岬的峭壁。2：襟裳岬的美麗落日。3：日高本線車窗看出去的風景，沿著海岸滿是蘆葦，愛伊努人稱為沙流。

坐巴士往帶廣遊「盲腸線」

最早的「盲腸線」是指起點和終點與其他鐵道毫不交會，突然間冒出這麼一段像是運木材或礦產順便載送一些居民工人的小鐵路。接著再擴大一點，無論起點或終點接的都不是重要的轉運站，也叫盲腸線。

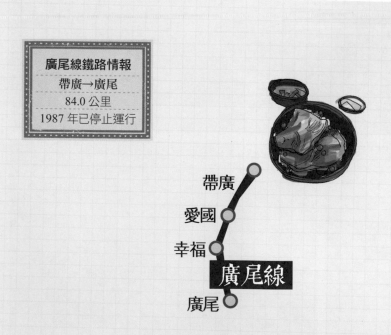

廣尾線鐵路情報
帶廣→廣尾
84.0 公里
1987 年已停止運行

帶廣
愛國
幸福
廣尾線
廣尾

　　一大清早離開襟裳岬，拖著行李站在海角的公車站旁，有種莫名的恐懼感，因為周圍都沒人，風吹進每個關節，而且，這種地方的巴士會不會隨時改時間或停駛？幸好來了一位老太太，她弓著腰坐在站牌旁閉目養神，還好，看來她老神在在，巴士至少不會停駛。不過我帶著身旁「陰天」旅行，她緊張地問：「老太太會不會只是坐在這裡等賣菜的小卡車？」

廢棄的愛國幸福廣尾線

　　幸好北海道的巴士以準時出名，一輛中型巴士從轉角處靜悄悄出現，接下來有一大段路程沒火車，得靠巴士開始我們的「盲腸線」之旅。

　　隨著鄉間人口外移、公路的開展與汽車普及率的增加，北海道許多支線鐵道因載車率太少，而陷入連年虧損不知該怎麼處理的困境，就被稱為「盲腸線」。其實最早的「盲腸線」是指起點和終點與其他鐵道毫不交會，突然間冒出這麼一

襟裳岬候車亭。

廣尾鐵道公園。

段像是運木材或礦產順便載送一些居民工人的小鐵路。接著再擴大一點，無論起點或終點接的都不是重要的轉運站，也叫盲腸線。

　　以這個標準來說，台灣的平溪線當年主要是運送菁桐一帶的煤，終點的菁桐真的到此為止，什麼線也不接，起點的三貂嶺站雖接上東線鐵路，可是三貂嶺這站也絕非重要的轉運站，所以平溪線也夠盲腸的。

　　近二十年來北海道將幾條「盲腸線」陸續「廢線」，最有名的是高原鐵道故鄉銀河線，與愛國幸福的廣尾線。

　　從襟裳岬一路晃呀晃地坐巴士倒一點也不寂寞，因為公路沿著海岸往北，又是濃雲散去的早晨，嗯，早起真好。到了廣尾之後有個「駅」，站前還有火車大車輪做的紀念碑，以為可以換火車了，原來火車已廢，車站用來當巴士站。

　　由廣尾繼續北行便離開海岸，沿著原來的廣尾線，途中能看到仍擺著一節車廂做為紀念的幸福駅。廣尾線原長八十四公里，有十六站，由廣尾到依田，真是前不著村，後不著店。為此再延長一小段通到帶廣，才算和根室本線連結上。二次大戰時，日本鼓勵年輕人勇敢接受兵役的徵集令，於是廣尾線上的幸福駅至愛國駅的車票走紅了好一陣子，「愛國—幸福」，「幸福—愛國」。其實本來不怎麼幸福也和愛國無關，開發這裡的早期移民最初稱此為

幸震，可是日本人對「震」很敏感，日後才改名為幸福。而愛國呢，是當初來的移民自稱為愛國青年團，地名也就簡化為愛國了。

　　一九八七年廣尾線廢線，改由十勝巴士行駛這段路，帶領我們前往目的地帶廣，可以接根室線，往東五站的池田以前能換高原鐵道故鄉銀河線，可惜在二〇〇六年已全線停駛，銀河號列車成為歷史。試想火車穿越空氣較稀薄的高原，滿天星斗離我們更近，是幅多浪漫的景象！

　　幾個小時的巴士坐得我屁股發麻發痠發痛，而且一個人的車錢要兩千多日圓，不過我真的要說日本的司機真好，我們的運將見趙薇掏零錢，百元、五十元，連台灣的十元硬幣也拿出來想魚目混珠，趕緊詢問我們有沒有「卡」？什麼卡？信用卡、悠遊卡？喔，坐十勝巴

上：帶廣車站前販售，令人難忘的豬肉販。 下：也有販售可加熱的便當。

士若用卡，可以打折。當場他賣了兩張「事後」卡幫我們省掉一些車錢，也逃開趙薇手中幾十枚一元日幣的威脅。嗯，運將夠意思，沒欺負外地人，到了帶廣，我聞到人生新希望的氣息。

滿滿一大碗燒烤豬肉的豚丼屋

由廣尾到帶廣，沿路都是歐式設計的房子與農田、牧場，好像進入一個與日本無關的新世界，十勝地區的農牧產品便以帶廣為集散地，而且最最有名的是豚丼屋的豬肉飯，不用拿著地圖挨家挨戶詢問，車站內有，出車站三分鐘的路程也有。

和一般的豬排飯或豬肉蓋飯不同，這裡用的是樹葉片大小的豬肉，鋪滿盛了白飯的碗面，吃的時候先用牙輕咬，再用舌頭去感受鮮嫩的滋味，不能稀里呼嚕嚼個兩下便送下喉嚨。

吼吼吼吼，一年後趙薇某天下午在札幌忽然這麼詢問：「好想吃帶廣的豬肉飯喔。」

當然不可能，坐火車得半天，可是當她說出來，頓時我們兩人都掉進沉

默裡，回想與思念也能令人滿足。

六花亭好吃的霜淇淋。

帶廣是著名甜點店六花亭的本舖，它原是札幌秋庵的分店，戰後更名，六角形的花指的是雪花。

這六花亭不僅甜點好吃，服務更一流，在店內提供咖啡與茶，歡迎客人即使只買一塊中央加奶油的「呀咕呀咕派」，倒杯咖啡就著供站立者使用的長形桌子享受片刻。

這種以客為尊、體貼入微的店，恨不能按它十個超讚，而且我還裝了一壺熱咖啡帶走──咳咳，被趙薇制止，她說，人可以窮，不可以窮得寒酸。

窮和寒酸，有差嗎？

美食情報

●六花亭
住址：北海道帶広市西 2 条南 9 丁目 6
營業時間：9:00 ～ 19:00

http://www.rokkatei.co.jp/

●豚丼のぶたはげ
住址：北海道帶広市西三条南 12 エスタ
　　　帶広 西館
營業時間：10:00 ～ 19:30

穿越濕原──釧網本線

　　如果說日高本線是只有目的的旅行，那麼接下來的釧網本線就是為了到達目的地，途中卻不能不下車玩玩的一條路線。

　　離開了霧的襟裳岬，我們換了幾趟車來到了有霧城之稱的釧路（Kushiro）。

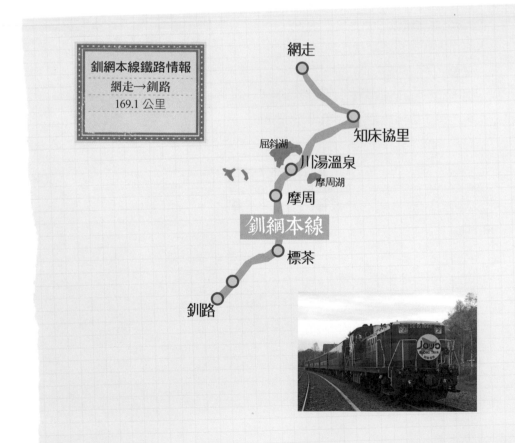

釧網本線鐵路情報

網走→釧路

169.1 公里

日本第一慢 Noroko 號觀光小火車

　　釧路位在北海道的東南邊，面太平洋，它是道東最大城市，也是日本數一數二的大漁港，還有著名的國際運輸港口。重要的，它是前往釧路濕原的大門，從這裡搭乘釧網本線，向北穿越釧路濕原到達網走，一路上有很多的「最」：

　　日本最大的濕原、

　　日本最漂亮的內陸湖——摩周湖、

　　日本最後的丹頂鶴棲息地、

　　日本人心中比道都札幌還要出名的城市——網走、

　　連接知床國家公園的重要路線……

　　還有，日本第一慢的觀光小火車 Noroko 號（ノロッコ號）。

　　Noroko 號緩慢小火車在每年春天到秋天行駛穿越釧路濕原。夏天去過富良野的朋友們一定都搭過薰衣草列車，就是那種車內全木造，可以開窗的觀光小火車，窗外是一望無際的草原，讓人心曠神怡。而到了冬天，Noroko 號就成了流冰慢速，沿著鄂霍次克海岸行駛，欣賞流冰的小火車。

　　因為釧路濕原面積廣達兩萬六千多公頃，一趟火車要花兩個半小時，沿途景觀空曠自然，上行或下行各有風情。而為了體驗各種不同風景，我在不同季節在這條路線上來回

上：Noroko 號列車除了第一節是普通席，其他四節都是開放式車廂，可以自行開關窗看風景，靠窗的椅子還可以改變方向。下：這是 Noroko 號乘車證明書，。許多人一定人也拿過這種乘車證明書，這是 JR 北海道特別為觀光而設計的一種手段，真的有很多人在收集類似的搭乘證明。

跑了三趟。第一次是從釧路搭乘 Noroko 號緩慢小火車往北到知床。第二次則是反方向從網走搭流冰慢速小火車加觀光巴士再加冬季限定的 SL 蒸汽火車。這還不過癮，第三趟則是直接參加當地觀光巴士遊覽團，盡情飽覽了火車無法停留的景點。如此一來，想看的大概都看到了。

張國立則略帶不滿地說：「妳是來旅遊的還是來做田野調查啊？」

記得第一次搭乘釧路濕原號小火車時，才離開東釧路站沒多久，突然一個急煞車，引起車上遊客一陣小驚呼，有人馬上猜說是撞到鹿，有人則猜是看到丹頂鶴吧？聽說在濕原中常有許多動物會跑過鐵軌，有時候是鹿，有時候是狐狸，可是這次什麼都不是，廣播說列車故障了。一群人「ㄟ↗」了幾聲之後繼續聊天的聊天，吃東西的吃東西，整整停頓的十五分鐘裡讓我見識到日本人的鎮定，只有我在窮擔心。

搭乘小火車的不只是外國觀光客，還有很多道外人士（北海道人口中的外地人）慕名而來。有一家大小的，還有看起來是公司員工旅行，包了一整個車廂，有專人打點便當和飲水，讓木造的車廂裡熱鬧非凡。

釧網本線上有一站就叫釧路濕原，從這裡步行十五分鐘左右有一個叫細岡的展望台，在那裡登高可欣賞濕原風光。如果是自然愛好者，細岡展望台附近有個達古武小湖，是個早期海水退去留下來的海跡湖，沿著湖邊設有步道可以散步健行，更別說在釧路川釣魚、泛舟和露營的了。還有人再往下，在塘路站租借自行車騎車暢遊濕原。

這是後來才知道的訊息。啟程的興奮感過後一路上的景觀都是差不多的荒野，隔壁車廂傳來玩鬧聲，心想這兩個半小時的車程如果是揪團或是途中下車可能比較有意思。更無力的是 Noroko 號抵達川湯溫泉站就告一段落，繼續要北上的人還得再等兩個半小時才能轉乘「足湯號」到知床斜里。

左：上車前必買火車便當，有時候車上沒機會吃，下了車就找個地方就地野餐。日本便當大部分都是吃冷的。所以秋冬天旅行每天一定要帶上一壺熱茶。　右：川湯溫泉是著名的溫泉地，為了服務不進入溫泉區的乘客，特別在車站旁設立了一個足湯區，讓轉車的旅客也能感受在地的特色。

　　川湯溫泉站是有名的溫泉鄉入口。昭和五年開業，有個輝煌歷史：昭和二十九年（西元一九五四年）天皇訪問附近時還曾經住在站長室呢！儘管川湯溫泉如此著名，可是我們沒有留宿的打算，為了等轉車只能在車站旁邊泡泡足湯，在車站外的木椅上來個火車便當野餐大會，這還不夠，又在站舍改裝的咖啡館裡吃了蛋包飯，喝了咖啡來打發時間。

　　旅程中難免計畫失誤，尤其是沒有足夠的資訊時，這讓再怎麼擅長苦中作樂的我也覺得無聊了。

在標茶追冬季限定蒸汽機關車

　　於是第二次走釧路濕原時就不選擇一趟到底。適逢冬季，從網走搭乘Noroko 流冰號到知床，一路上興奮地追著流冰走，到知床斜里過一夜再搭Twinkle Bus 到中間點──標茶（Shibecha），換乘冬季 SL 蒸汽火車從標茶出發，往南到釧路。

　　日本 JR 在全國各地不同時間、不同地點開出蒸汽火車推廣觀光，欣賞櫻花的花見列車不用說，行駛在釧路濕原一片白色大地，冒著強大灰煙緩緩前進的復古蒸汽列車也相當受歡迎。我不是鐵道迷，充其量也只是個「鐵道搭車迷」（對鐵道及列車本身沒研究，只是以搭上列車為目的）。前一年的秋

釧網本線冬天推出的蒸汽列車，叫冬季濕原號，為冷酷白雪大地增添一抹風情。

天已經搭過二世谷號，充分感受了蒸汽火車的魅力，但我就是愛湊熱鬧，說什麼也要再搭上一趟白雪列車。

　　SL 冬季濕原號從標茶站出發前照例讓大家拍照。蒸汽機關車頭型號 C117 和函館大沼號是同一輛，一是冬季一是夏季輪流行駛。在空曠月台上，駕駛一拉汽笛，嗚～嗚地劃破寂靜，煙囪也冒出了濃煙，這又是攝影的絕佳景象。車廂內也是復古的木製地板、厚實的壁面和木紋烤漆，非常講究。這款 C117 機關車頭還在二〇一二年和台鐵推出的懷舊蒸汽列車 CK124 締結為姊妹車，那時還有好多日本鐵道迷一路追到台灣。

美白鐵道的三白，非常面白

　　冬天的釧網本線又有美白鐵道之稱，指的是：流冰、丹頂鶴和天鵝。

　　流冰我已看到。而丹頂鶴則是列車在經過茅沼（Kayanuma）到塘路（Touro）之間，運氣好的話在火車上就能看到。SL 冬季濕原號每經過一個

地方，列車長會廣播介紹。一路上我們一下往左看有馬，哇！一陣驚呼，一下往右看有蝦夷鹿，又是哇的一陣。當車掌預告等下可能會看到丹頂鶴時，全車乘客都不敢亂動，每個人都把相機準備好。看到了！看到了！一陣搶拍，其實距離很遠，即使列車還特別放慢速度，可是鶴一下就飛走了，只瞧見一抹身影。

　　我不滿足，於是第三次，沒錯！這一次則是參加了觀光巴士團。這趟觀光巴士是從釧路出發穿越釧路濕原繞行幾個觀光湖景然後回到釧路的一日遊。行程第一站就是去鶴見台，聽名字就知道專程去看丹頂鶴的。其實要看丹頂鶴的身影，去丹頂鶴自然公園也可以，那裡飼養了十八隻，又可近距離觀賞，可是交通不便，要花上大半天來回。搭乘觀光巴士的話，可以到其他景點又可以在鶴見台下車停留十五分鐘。

　　丹頂鶴是北海道的道鳥，也被列為日本特別天然紀念物。象徵吉祥、長壽的丹頂鶴早期經常出現在皇室的各種裝飾上，還有繪畫和刺繡等工藝品。平常最容易看到的就是日圓千圓紙鈔上，還有日本航空「鶴丸」的標幟也是以牠做為設計原型，甚至我也在日本酒的酒標上看到過，日本似乎比中國人還愛丹頂鶴。

　　為了想拍到丹頂鶴，還特別去買了一個長鏡頭，結果發現也只不過拍到遙遠的身影。熬不過好奇心，我跟守候在現場的前輩們借看了專業攝影者口中的「大砲」。哇！不僅能看到丹頂鶴頭頂那命名的一抹紅，鶴的表情也一清二楚。早知道帶個望遠鏡還比較實用。

　　釧網「三白」已經兩個入袋，張國立：「妳賭錢啊妳？」

　　觀光巴士從鶴見台離開後去硫磺山，然後到摩周湖，再到屈斜路湖看天鵝，真的是一路白到底。

上：近年日本的丹頂鶴不太遷徙，原因可能是四十多年前釧路濕原有農民開始用餌吸引飼養，在每年的十一月到三月間就會有丹頂鶴聚集，多的時候有幾百隻。 下：摩周湖因為透明度世界排名第二，平靜無波的藍色湖水美麗至極被美稱為摩周藍。

看見不起霧的摩周湖，注定晚婚

曾經到過北海道最東邊的根室（Nemuro），那天大雪，在納沙布海岬拍的照片只有黑和白，我還以為相機凍壞了呢！而在屬於火山湖的摩周湖（Mashuuko），照片裡的顏色則只有藍和白。晴朗天氣下蔚藍的天空映得摩周湖水也是一片湛藍色，湖水平順得像塊藍絲絨，美麗澄澈且靜謐安詳。周圍的山丘全被白雪覆蓋，甚至連枯木也被雪染白，美得不像話，不是，是像畫。

據說我們運氣很好，因為地形關係，摩周湖終年被霧籠罩，又被稱為神秘之湖，只有在天氣極好的時候能看見清澈湛藍的畫面。可是，又有一說：看到不起霧的摩周湖會有事情發生，大家追問車掌小姐，結果說是會晚婚，哈！這算很準嗎？我三十六歲才結的婚，夠晚了。

我愛摩周湖，更愛她的傳說；摩周湖在愛伊努語中是「山神之湖」的意思，傳說在愛伊努熊祭時爆發了一場戰爭，輸的一方幾乎被趕盡殺絕，只有一位老太太帶著孫子逃了出來，可是孫子在途中走失了。傷心的老太太一路找尋來到摩周湖附近走不動了，只好在這裡等待。一日復一日變成了湖中心的Kamuishu小島（又稱為神婆之島）。傳說只要一有人靠近她就以為是孫子回來而流下眼淚，就成了摩周湖的雲、雨和霧。

當然，這是我後來在網路上查到的。當時我努力地想聽懂車掌小姐嘰哩咕嚕的說明時，發現旁邊的張先生已經點頭如搗蒜。

唉！跟這人旅行不是浪漫，是浪費。

釧路五十多年老店爐端燒，因為起源自他家所以店名就叫爐端燒，昏暗的燈光，破舊的老屋，要不是當地人特別推薦根本不會進去。

釧路的爐端燒發源店烤鰈魚，先得一夜干

在釧路共停留過四個晚上，都是為了轉車或搭車，因此都選擇住在車站附近的商務旅館。這是鐵道旅行的缺點之一，沒有車等於沒有腳，搭巴士又有班次的問題，除了必去的景點，能不出城就不出城，也因此，晚飯也都會在車站附近解決。

在這次以鐵道為工具的旅行之後才發現，車站畢竟還是車站。這不是廢話嗎？舉例的話，在台北如果沒有特別需求，一般人會去台北車站附近消費嗎？要逛的話去信義計畫區，要吃的話去東區，要玩的話去西門町，大概各區各有特色。釧路，甚至很多城市都一樣，每每問起哪裡有好吃的，飯店櫃台人員多半推薦城裡的飲食戰區，如函館會是五稜郭，釧路就是末廣町一帶，從車站步行大概十五分鐘左右到市中心。而且好巧不巧，連著兩年不同的飯店竟然推薦同一家拉麵店，這可樂了張國立。直到第三次，我先說了不要拉麵的前提，才終於吃到此生以來最好吃的爐端燒（Robadayaki）。

張國立很不服氣地說：「有這麼誇張嗎？」

每次都吃拉麵才誇張呢！不是說吃拉麵有什麼問題，都是同一家，說有多好吃也不過就是北海道拉麵同盟會的一員，老闆也很認真煮著拉麵，創新

菜色叉燒飯也很好吃而已。可是難得來到
道東最大城市，而且釧路還是北海道甚至
日本有名的漁場，就算車站旁有個和商市
場，最有名的勝手丼，生魚片隨便你選最
多一碗也不過兩千日圓（還是很貴，完全
中了勾引觀光客的計），當點心可以，當
晚飯的話感覺吃了肚子仍涼颼颼，沒飽的
感覺。

釧路和商市場。

　　在連吃了兩年「河村」拉麵之後，我
問到了一家創業五十多年的爐端燒，原來
爐端燒這種吃法就發源自釧路，而且就發
源自這家。爐端燒就是客人圍著一個爐子
由店主人在爐子上燒烤魚貝類或蔬菜，用
一個像剷披薩的長板子遞給客人的一種飲
食方式，早期在河岸邊就著捕獲的魚介開
始燒烤，後來才搬進了房子裡。

　　照例，看隔壁桌吃什麼我們就點什麼；新鮮的鮑魚直接切片吃生的，清
脆有嚼勁。稍微風乾的鰈魚一夜干，烤過之後味道更濃縮。生烏賊好吃，但
是加一點味噌醬烤過的又添了香氣。還有再加上北海道好吃的蔬菜，像是茄
子烤過剝皮搭配生薑末沾醬油，味道一絕，而唯有北海道才有的男爵馬鈴薯
烤過之後多了地瓜的甜香味，最後，來個道產米捏的飯糰，又圓又飽滿，搭
配兩片醃蘿蔔乾算是完美的結局。

　　張國立說：「妳是餓了多久？」

　　隨便他怎麼說，因為我吃得太滿意完全不想反擊。更重要的是他看起來
也吃得很開心不是嗎？

便當情報

便當名稱：鱈場蟹壽司
購買地點：釧路車站

釧路車站最有名的便當非它不可了！
裡面有滿滿的鱈場蟹腳肉，加上鮭魚
卵和鮭魚片，這種搭配不但超豪華，
也被視為傳統北海道壽司，因為全部
都是北海道特產。所謂的鱈場蟹是在
鄂霍次克海鱈魚的漁場所捕到的，台
灣又稱帝王蟹，因為八隻腳超長，所
以蟹腳肉便當很奢侈。通常一推出就
賣完，離峰時段很難買到。

便當名稱：沙丁魚握壽司
購買地點：釧路車站

釧路車站另一樣名物，就是這
個沙丁魚握壽司。
沙丁魚上面擺了一片薄薄的醋
醃過的白蘿蔔片，因為怕吃不
慣，所以我們買了綜合版的。
後來發現帶點微微酸味的白
蘿蔔幫沙丁魚很提味，非常順
口。而鮭魚夠新鮮，稍稍烤過
的鯖魚則香味四溢，每種都很
好吃，像這樣的分量讓兩個人
分著吃，真是太少了。

便當名稱：蟹肉飯便當
購買地點：釧祥館

又一次經過釧路時買的是蟹肉飯便當，這是釧路有名的便當店釧祥館製作的。雖然蟹肉飯在很多地方都有，像是函館本線的森站，還有我在稚內也買過。口味大同小異，因為蟹肉都很新鮮，加上鋪上幾條煮的甜甜鹹鹹的香菇，就是下飯。對了，飯也是用高湯和少許醬油一起炊煮過，就像是高級的炊飯。

●釧祥館

住址：北海道釧路市北大通 12-2-7

http://www.ekiben.ne.jp/kushiro/eigyou.html

便當名稱：勝手丼
購買地點：和商市場

釧路車站旁有個和商市場，這個市場最有名的就是勝手丼，勝手在日文裡可以說隨你高興的意思。攤販有冰櫃陳列著已經處理好的生魚片，隨便你愛吃啥就點啥，而且只要用手指，不用說日文嘛也通。不選太高貴食材的話，一個大概二千日圓，吃個趣味就是了。

強攻室蘭本線

　　秋天時走函館本線，到處是金黃泛紅的楓樹；夏天走室蘭本線，藍天碧海，享受陽光與海天一色；冬天走日高本線直到襟裳岬，是另一種寂寞與淒涼的寧靜。

　　但我們的室蘭本線，有點拚命。

洞爺湖畔的「御代孃」與「替玉桑」

　　旅行一如人生，種什麼因必得什麼果，它不會消失。例如年輕時去箱根玩，對日本便利商店書架上的成人雜誌充滿好奇，買了兩本帶在路上看，後來留在箱根那家小民宿。幾年後重回箱根，晚上沒事便在客廳的書架翻，見到成人雜誌就帶回房，裡面空白地方竟有我的筆跡，寫著些有的沒的，偏偏還留了名字，並且有兩個看來是台灣人的名字留在旁邊，記得其中一個這麼寫：

　　「張先生好，晚上很無聊喔。我也到此一遊。」

　　這件事說明了因果，也有幾點啟示：

● 看成人雜誌很難留下深刻的印象，隔幾年看同一本，就像看新的一樣。

● 不要在成人雜誌上留下自己的名字。

● 凡走過，必留痕跡。千萬別以為「不會再來這裡了」，地球是圓的，而且地球絕不如我們想像的那麼大。

　　十三年前承蒙趙薇看得起我，嫁給了我，那是冬天，我工作很忙，便將蜜月移到春節假期湊在一起有十多天，於是大過年選擇冰雪遍地的北海道。那時趙薇日文不通，覺得跟我到日本一定有倚靠，她不明白，我很窮，窮得超乎她想像，除了深坑一間舊頂樓公寓、一輛開了六年的本田三門車，銀行存款只有二十三萬元。

　　抵達札幌連兩晚是朋友砂糖先生請吃的晚飯，又是壽司又是成吉思汗烤肉，接著去小樽，吃了兩碗布滿魚卵和海膽的海鮮飯後，我已經得偷偷進廁所計算是否要縮短行程。

因此當趙薇踩著她新買的靴子，晃著她剛刷完卡仍熱騰騰的新包包問我：

「北海道最好吃的是什麼呀？」

可以想見我的回答當然是：

「北海道第一美食是拉麵，而拉麵配餃子加啤酒，是最高級的享受。」

她當然不信，不過她以為我愛吃拉麵，只好臭張臉將就了。

拉麵以外呢？

「這裡的農牧產品都很好，麵包啦起司啦，炒飯也不錯。」

就這樣一路呼攏，頂著風雪坐室蘭本線的火車到了洞爺，本來想說看看湖便閃，不料趙薇很興奮，她在湖邊拚命拍照，並問：

「這裡有溫泉耶，我們為什麼不住這裡？」

大哉問。我這麼回答的：

「天氣太冷，這裡的旅館冬天都打烊，不信妳問公車司機。」

她當然沒問，因為那時她只會啊咿嗚欸喔。

趙薇對洞爺依依不捨，有點想在湖邊紮營的意思，我硬把她拉上公車。事前查過，進了這裡的溫泉旅館一個人沒一萬五日圓出不來，而且冬天裡拉麵店都沒開門，我們得吃一泊二食，必重傷老本。

這事於二個小時後被砂糖先生知道，從札幌未經我同意便幾通電話改變我的行程，第二天趙薇住進了登別的瀧之家溫泉旅館，我緊握口袋裡的信用卡咬牙跟著進去。

我對洞爺湖印象因而異常深刻，山上積滿雪，腳踩的也是雪，頭上飄的是雪，連我打呵欠嘴張大點都有雪飄進去。

幾年後趙薇不知什麼原因進補習班學日文，每天回家邊聽錄音帶邊學發音，念得我快被煩死，更糟的是她不停問諸如「為什麼鮪魚在日文裡有好幾種說法？鰤魚到底是什麼魚，怎麼發音？」最後只好對她說：

1：二〇〇〇年冬天的洞爺湖，只有雪、湖和想不通大冷天怎麼開得通紅的一株紅花。　2：乃之風的自助餐廳，垂下的百合燈，有點想和窗外星星一爭光芒的企圖。　3：如夢似幻的洞爺湖溫泉。　4：洞爺有名的有珠火山纜車，回程時巴士竟已收班，也叫不到計程車，我在路旁想攔順風車，沒想到趙薇到停車場以問巴士時刻的可憐模樣引起一位阿叔的同情，送她回旅館，我是，趙薇的行李。　5：洞爺湖畔乃之風旅館的兩張床，證明人生的宿命，該還的一定要還。

「我在輔大日文系念的是日本文學，不是念進日本料理店點菜用的日語。」

從此她沒再問我任何日文問題，倒是不久之後她和砂糖先生通電話已經用日文了。

二〇一三年的初夏我們再去北海道，如今行程全由她安排，原本沒有洞爺這站，不過到了札幌，她和砂糖先生咬了一陣耳朵，砂糖先生打了通電話，他說好辦——什麼事情好辦？

「室蘭的王子飯店和洞爺的乃之風溫泉旅館屬於同一個集團，我幫你們把室蘭的旅館取消，改成洞爺了。」

這便是我說的因果報應，原本要住室蘭，變成去住洞爺，也是莫非定律所說的，「凡是可能出錯的事，一定會出錯」——也可以修改為，「凡是報應，天涯海角也躲不過」。

「乃之風」是洞爺新開張的溫泉旅館，大堂內面對湖的大落地玻璃讓人可以坐一下午沉澱心情，浴衣浴袍全由北海道的名服裝設計師越智真紀子設計。

說真的，在北海道泡溫泉是人生一大享受，偌大的室內池那天只幾個人，還有室外池，吊兒郎當也沒人理會。以前我能飯前飯後各泡一次，第二天早上再泡，每一次一小時以上，不如此好像泡不回本錢，後來才知道體質欠佳，泡久了渾身發癢，如今只能泡個意思。過與不及呀。

泡完溫泉，在一樓的自助餐廳吃完晚飯。在北海道吃自助餐的機會不

多，巡視一遍後已有心得，這裡的鮭魚好，所以第一目標是煙燻鮭魚，先吃一大盤安慰我的新台幣。接著是生魚片，再來一大盤，補償連吃幾天拉麵的腸胃。第三回合則以牛肉為主，再配上生菜，這就有點拚命撈本的味道了。如此一輪吃下來可能消化不良，最好的補救方式不是吃 WAKAMOTO，而是散步，設法讓食物不要繼續累積在咽喉處。

我們到湖邊散步，忽然周圍的遊客又跳又叫，原來湖上放起煙火。兩艘船，大船的甲板往天空放煙火，小快艇則於急駛時朝水面扔煙火，頓時眼前淨是五彩繽紛的火花。

每年夏天由當地的旅館業者與政府合作，夜夜放煙火以吸引觀光客，趙薇當然更高興，扭頭問我：

「沒後悔來吧。」

我苦笑回應，心裡卻突然想起日本餐廳常用的兩個名詞，「おかわり」（Okawari），寫成漢字是「御代わり」，意思是吃完一碗飯後還要添飯，住民宿時好心的店家夫婦經常先幫客人盛好飯，吃完後若還要再添飯，得對店家說「おかわり」。

趙薇是「御代樣」，不僅意味她愛吃飯，不僅意味她旅行時的胃口出奇地好，更意味她對旅行的決心，顯然蜜月時未住進洞爺湖畔的溫泉旅館令她很不甘心，於是她對再到北海道、再到洞爺湖，非吃夠本的「御代」宣示她對上回的不滿不可。

我呢，各位吃過拉麵吧？拉麵店的菜單上有各種麵與菜的名稱和價格，最下面也會有「替玉」這個菜名，かえだま（Kaedama），意思是若吃完麵還不飽，可以再點一份麵，但沒有叉燒，也不加湯。聰明點的客人會大口吃麵，先留著湯，等吃不飽時加點替玉，不至於吃乾麵。

我的人生很替玉，當初蜜月若一了趙薇的洞爺心願，如今何必再來一次呢？一如吃拉麵，好好慢慢地享受整碗拉麵是最美妙的感受，要是吃不飽，

伊達紋別駅的小車站，旅行常會到個計畫外的地方，帶來些許錯愕和惶恐，幸好我習慣了，可惜找不到霜淇淋店。

出了麵館再找 LAWSON 便利店去，何苦邊吃麵還邊留湯，吃不飽再叫替玉？

御代是優雅的享受，坐在餐桌前對服務生輕聲細語喊，おかわり。替玉則有點那個，吃得滿頭大汗對櫃台裡面的小廚師喊，かえだま。見麵勺上有坨麵往你碗前伸，隨即停頓一下。瞄瞄你碗內還有沒有湯，多——晦氣。

人總是得為過去的錯誤付出代價。替玉在洞爺湖邊的夏日煙火之下，對自己說，這叫報應。

意外闖進伊達紋別駅

旅行中不時冒出意外，有些意外是客觀因素，像火車誤點，像吃太多拉肚子，有些意外則純粹來自於主觀的疏忽，不能罵老天也怨不了別人，可是仍得設法彌補，否則接下來的行程必陷入混亂。

離開洞爺，往下個目的地室蘭，不料我早上睡過頭而誤了往洞爺火車站的巴士，當然更誤了火車。流浪於烈陽下空蕩蕩的洞爺溫泉街上，有兩個選擇，一是再等兩個小時搭下班巴士下山去坐火車，另一是搭相反方向的巴士去室蘭。為了追補已浪費的時間，而且見到巴士來了——必須說明一下，我是那種「見到巴士停在腳前就想上的人」，在台北坐捷運去淡水，才上月台，明明來的是往北投的車子，可是這麼堵堵好，怎能不先上再說。

巴士停下，我和趙薇二話不說就上車，接下來的情況不太對勁，我最怕

司機旁的「十八宮格」，它每過一兩站就會跳出新的票價，估計坐到終點沒兩千日圓下不了車，而且巴士終究慢。忽然見路線圖上有個站名，伊達紋別驛，這是火車站，既然有站必有火車，何不就坐到這裡換火車，一來可以回到室蘭本線繼續使用「北海道 JR PASS」，免得在巴士上花太多交通費，二來火車舒服速度也快。

就這樣，我拉著趙薇下車，兩人莫名其妙到了完全不知在哪裡的伊達紋別驛。幸好這兒的確有火車，火車的確到室蘭，但得等半個小時。

旅行時修練出凡事隨遇而安的個性，我先在頂多十坪大的站內觀光。真的「光」，一眼望去全看光，售票處和小賣店中間是候車區的長板凳，如此而已。唯一比較有趣的是角落內的公用電話，它被通緝犯的海報包圍住，顯得陰森森，偏展示於小賣店書架上最醒目的一本書便是西村京太郎的《北海道殺人指南》，頓時我斜眼瞄了瞄候車的三個年輕人，最右邊那個衣領露出刺青，他們是否為犯罪集團？而孤獨坐在長板凳，一頭仰首大口喝啤酒的大哥是否為連續殺人犯？

出站透口氣，一直思考伊達市莫非和日本戰國時代後期的諸侯獨眼龍伊達政宗有關？不過伊達政宗是山形縣米澤巾人，而且受封在東北地區的仙台，八竿子也和北海道扯不上關係才對。

不，有關係，伊達政宗的第十四代遇上明治天皇的「大政奉還」日本統一大業，仙台藩早已式微，只好乖乖歸順，大名的身分被取消，伊達家的俸祿由二萬三千八百五十三石減成五十八石，眼看活不下去，有個叫伊達邦成的家族成員率領一些家臣移民至北海道設法討生活，就這樣，北海道有了個伊達市。

我想，伊達政宗是一代英豪，可是他的出生地並未由米澤改名為伊達，反而是後代移民至北海道，使伊達這兩個字出現在日本地圖上，永遠永遠。所以人生真不該太勉強，順其自然吧，一如張國立打破頭也沒想到，離東京

市區一個小時車程的地方竟有個叫「國立」的城市。

伊達市很小很安靜，三層樓的房子已經算高的了，連火車站前的停車格都畫得很小，只容得下日本太太上街買菜用的那種迷你小車。它位於 JR 北海道室蘭本線的中間偏東，一天僅六班快車停靠。我得回站內努力盯著火車路線圖才能肯定自己的存在。

開始剪票，我提著行李趕緊上月台，趙薇呢？可能仍在猶豫要不要再買個駅弁？

地球岬竟和地球無關

由巴士而火車，追趕行程是件頗勞累的事，但千萬別挑戰極端處女座如趙薇者所擬定的旅行計畫，她說今天得去室蘭，光陰似箭、物換星移，即使深更半夜仍得到室蘭，因為趙薇覺得當地叫地球岬的這個地方，名字酷斃了。

地球岬？我想像，可能這裡有個水泥做的大地球儀？或者站在海岬上能看到地球？廢話，我蹲在廁所一低頭也能看到地球。

室蘭和函館分屬道南兩個突出的海岬，不過室蘭靠太平洋，有暖流經過，氣候比函館好很多，當地最有名的便是一個個突出於蔚藍海面裡的峭壁海角，最有名的是地球岬。

北海道很多地名來自於愛伊努族，地球岬原名的意思為「雙親的斷崖」，日本人發音不正確，就變成地球岬了，也是美麗的錯誤，因為這裡的海與岬美得令我想住下來不走了。

依行程，到室蘭時已時間緊張，是我闖的禍當然得由我彌補，好，豁出去，找計程車。室蘭市位於像個釣魚鉤的繪鞆半島尖端，得從室蘭線的東室蘭站轉車，有點捷運新北投站的感覺。過去工業發達，人口達到二十萬，如今年輕人外移，已降到十萬以內，所以在車站能見到計程車已經不容易，而

終於來到地球岬，觀景台上的確掛了個金屬地球儀，但真正好看的是海岬邊緣的燈塔。忽然想到愛琴海裡希臘的聖多里尼島。兩者差別是，一個擠得要命，一個空得靜得讓人有如踩在雲端。

且還是慈祥老先生開的車。

　　我們一路殺往海岬，運將大哥顯然是以家鄉為榮的古意人，一路上介紹室蘭，說房子多便宜多好，說冬天比函館舒服多了，總之，他可能覺得我人不錯，想留我在當地買厝以便有多親近的機會。

　　地球岬在室蘭市東南方的海岸邊，若從室蘭市前一站的母戀下車更近，也有巴士，但旅行總有計畫規畫不到的地方，況且贖罪得贖得徹底，若是我還拉著趙薇在巴士站等車，人是會記仇的。

　　沿著小山路盤旋往上，先到「海豹的岩石」（トカル・イショ），一片突出於海岸線的海岬，下方有較平順的海岸，是海豹休息的地方，這是室蘭八景之一，其他包括室蘭港（白鳥大橋）、測量山展望台（位居中央，能看

整個室蘭市與港口）、大黑島（外海，據說它最初是一朵在海中綻放的黑百合）、繪鞆岬展望台（位於室蘭港的入海口）、銀屏風（西則海岸白色的斷崖）、黑尾鷗展望台、地球岬展望台、金屏風。

室蘭的風光便集中在這條狹窄的山路旁，尤其突出至海中的金屏風有如低頭喝水的大恐龍。誰說這裡，心情是起伏的平靜，一見到海景，心情興奮高昂，隨即陶醉在海洋與海風之中，心情頓時平靜得如海面一般。

看海，不能不到室蘭。

地球岬則是位於懸崖邊緣三面是海的海角，前端有座燈塔，有著遺世獨立的風霜，它也表現得很安於寂寞，面無表情守著大海，對高處展望台上的觀光客，一眼也不瞧。它，酷。

運將大哥兼起導遊，爬起山路一點也不喘，還不停介紹典故。愛家鄉的人是最佳導遊。

「你可以買一戶，一千萬能買到很大的。」

「要不要去我家看看，很便宜。」

「保證冬天不冷也不潮濕，而且這裡秋天的鮭魚最肥美。」

看樣子大哥不僅愛家鄉，可能兼賣房地產。

左：橫跨室蘭港區的白鳥大橋。橋，還好，但配上山與海，就有點空靈。 右：不是空靈，是空肚皮，趕路一整天，到了苫小牧車站，搶了鐵道便當上車，當地著名的北寄貝。坐火車吃便當是治療疲憊的妙方。

室蘭海岸的金屏風，北海道最漂亮便是海岬，長長伸進海中，有天涯海角的氣氛。

　　轉到測量山展望台，看著不遠處的白鳥大橋，它長一千三百八十公尺，是東日本最大的鋼筋水泥吊橋，像連結綠山、藍天與碧海的神道，我應該租車開它一趟。

　　「到北海道玩本來就該開車。」旁邊的人說。

　　不是沒開過，在稚內開了一整天，那是冬天，路面滑，天空陰，說不出原因地我的車子硬是開在車道靠左邊處，趙微認為我想和來車相撞，以便繼承她的遺產。其實我的內心沒那麼陰暗，而是在靠左行駛的車道中，有股冥冥的力量把我拉到右邊，我努力抗拒。她不會懂男人在日本開車的辛苦，女人只會不停地碎碎唸⋯⋯

　　在黃昏前順利完成室蘭之旅，計程車費五千日圓，大哥很夠意思，也許我該回台灣鼓勵大家到室蘭買房子做為報答？

　　在往苫小牧的火車上，我列了一張表，北海道值得再去一次的地方排行前八名的有：襟裳岬、知床半島、禮文島、函館、帶廣、宗谷高原、二世谷和室蘭，而且下次應該騎自行車去。

不來不知道的稚內

　　第一次前往稚內，是結束了網走的監獄之旅，搭乘石北本線到旭川，停留一晚之後再上路。因為網走到稚內不停留的話要花上九個小時在火車上，即使屁股沒坐成四半，可能也會因為密室恐懼而抓狂吧。

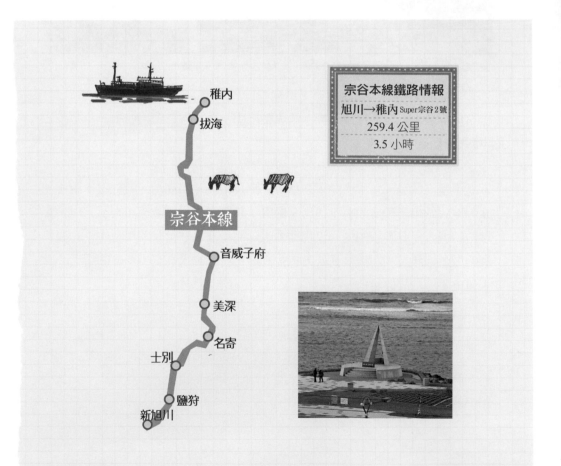

稚內
拔海

宗谷本線鐵路情報
旭川→稚內 Super宗谷2號
259.4 公里
3.5 小時

宗谷本線

音威子府
美深
名寄
士別
鹽狩
新旭川

　　其實，如果要精打細算，善用 JR PASS 可以省很多。舉例來說：一張三日用的 JR PASS 價值一萬五千日圓，一趟從網走坐到稚內，九個小時車程車資一萬八百一十日圓，還省下住宿費。稚內玩一天，當晚回程稚內到札幌五小時車資九千六百六十日圓，加總起來已經超過價值，更何況還有一天可用。或者乾脆一不做二不休直接從稚內一路搭到函館，也是九小時，一萬四千七百七十日圓，這時已經倒賺，還有一天可以從函館回到札幌，賺更多。

　　張國立又嗆：「賺到什麼了？」說的也是，每次買 JR PASS 都要為了要玩到還是要省錢為難半天，最後都是為了要玩到而買了四天彈性票。其實以我們的經驗，只要一天有超過三小時的快車行程，用 PASS 是一定划算的啦！

風速十六公里享受宗谷岬

　　時速一百三十公里，三個半小時的車程裡，大雪中經過了小說家三浦凌

左：最北端的站稚內，當然就是最北端的路線，在稚內的土產店還可以買到最北端的到著證明書（一枚一百日圓），我沒買，倒是在稚內站裡蓋了八個印章。　右：才十月底，抵達稚內的乘客一下車會抽一口氣，拉緊衣領。這裡的居民十一月就會點起煤油爐。

子《塩狩峠》書中故事的發生地——塩狩站，宗谷本線最大站同時也是途中唯一販賣火車便當，又以鯡魚卵便當最出名的名寄站，再跨過天鹽川，經過北見山，沿著日本海……我一邊對照著旅遊書，興味盎然地看著車窗外的風景。才十月底，山區裡已經有不少地方積著厚厚的雪，很難想像真冬時節宗谷地方的景象。

列車長不時來來回回查票，我好奇地跟著他回到車掌室，用我那蹩腳的日文提出我的疑問。他告訴我說冬天風雪太大或是遇到風吹雪時，連駕駛員都無法看清前路。要是發生雪崩或積雪太深時還得要先除雪等等當然是最麻煩的季節。不過，北方大地原生動物蝦夷鹿，經常衝進鐵道也是列車司機最頭痛的問題，司機們必須非常專心注意路況，鳴笛警告這些不知道火車是什麼東西的動物們。才剛說完，一個緊急煞車，列車長一邊說著：「妳看，就是這樣！」一邊緊急走出辦公室去查看情況，還好應該沒撞到，列車又重新啟動。

北海道被日本人普遍稱為北國，而北國的最北城市——稚內（Wakkanai），則被他們稱為「天邊」。稚內被日本海和鄂霍次克海圍繞，距離東京約一千六百公里，從羽田搭國內航班也要花上兩個小時。而稚內「Wakkanai」和日文「不知道」發音一樣，更給人偏遠離棄的感覺。

我們有位日本朋友是做水產加工生意，經常來往於稚內和札幌，但是他的太太和女兒經常住在札幌不願回稚內，她們覺得稚內什麼都沒有。第一次見到她們時，母女倆剛從有馬溫泉旅行回來。我曖昧地問起她當其他地方人問她從哪兒來？她很靦腆地一直笑著點頭表示同感。「妳是哪裡人？」「不知道。」應該經常造成迷惑吧！

稚內觀光協會就利用了這個諧音，想出了「来ないば、稚內！」（不來不知道）的宣傳用語，類似台北一家羊肉店「不來就莫宰羊」差不多的意思。

左線開車前進在地私房景點，吃宗谷黑牛牛排

　　來到稚內第一件事就是直奔宗谷岬。有一首日文演歌裡唱到：「**出生的故鄉在北方的盡頭，汽車都沒有到的宗谷岬角……**」日文裡的汽車指的是以前燒煤炭的火車，現在都是柴油或電車了。既然火車到不了，對我和張國立的旅行原則應該就轉搭巴士，五十分鐘能到，不算遠。但是呢，考慮到這裡是北國的最北，空曠的海角，什麼都沒有！就算是左邊駕駛應該也不是問題吧？張國立拋棄多年前在西班牙租車二檔起步的夢魘，決定再試試看租車，在日本國土的最北端開車，應該可以為旅程增添一些回憶。

　　果然，還是發生我一直擔心的狀況。張國立開車非常專心，眼睛絕不斜視，一路上我開心地喊著，哇！好漂亮的海岸喔，哇！看得到風車耶！他始終沒反應，我說：「如果你一直開到目的地都不停車欣賞一下風景、拍拍照的話，乾脆搭巴士不也一樣？」他竟回說：「前面是巴士站牌我怎麼停！」我們就這樣一路嘔氣地開到民宿。又因為還沒到 check in 時間，看著人家手忙腳亂辦理入住手續，我心裡更嘔。沒想到這人急著加了一件衛生褲，突然變得很輕鬆地說：「好了，這樣就不冷了，我們可以去看宗谷岬了。」

　　才十月底耶！不過不能怪他。聽民宿主人說宗谷岬的前一天已經飄了小雪，當天氣溫三度。其實稚內雖然位在最北端，但因為受到海洋影響，年平均溫七度，最低溫不過零下十九度，並不是日本最冷，也不是降雪最多的地方。風大，才是當地人最受不了的。這天的風速每小時十六公里，照相時都被風推著走。

　　日本最北端的宗谷岬並不像我對

宗谷黑牛排。

發現庫頁島的間宮林藏的碑面向鄂霍次克海，這裡距離庫頁島四十三公里，這段國土爭議到現在仍未解決。

其他岬角的印象，它不是尖尖的懸崖峭壁，是在一片寬廣圓弧的海岸線邊立了一個最北端的紀念碑，北緯 45 度 31 分 14 秒。紀念碑面對一望無際的宗谷海峽，往遠處望四十三公里外就是庫頁島，可惜這天海上雲霧密布，看不見。有意思的是旁邊有個歌碑一直在播送一首名為宗谷岬的演歌，唱著：「**流冰融化，春風吹起，濱薔薇花開，海鷗鳴叫，開往遠方的外國船隻炊煙裊裊，宗谷岬。**」其實，有好多演歌是以北海道為靈感，套句現在流行語：太有 fu 了。

　　紀念碑的旁邊是間宮林藏（Mamiyarinzo）的雕像遠遠望著海上。間宮是幕府第一個渡過宗谷海峽到達庫頁島的探險家，並發現間宮海峽（韃靼海峽）的存在而確認庫頁島是一座島。庫頁島，早期日本人稱北蝦夷島，後來又稱樺太或是薩哈林，講的都是同一個地方。曾經屬於中國領土的庫頁島在一九〇五年日俄戰爭後被日本取得南部，其後還曾一度擁有全島主權，一直到一九四五年被蘇聯奪回。從此，這個地方的主權爭議沒有停息過。因為其間有不少漁民和商人移居那裡，庫頁島對稚內人民來說不是觀光景點，存在著非常微妙的歷史情結。

　　還好有租車，儘管只是六百九十 cc 的「輕車」（日本人對小 cc 數的汽車簡稱），到山丘上的確容易多了。高低起伏的宗谷丘陵是冰河時期冰凍解凍冰凍解凍反覆而成的地

形。分布在丘陵上的有黑有白兩種吸引人的東西：白色的是數十座風車，散布在丘陵上，很壯觀。碩大的風車除了反映出在地人利用資源的環保概念，也成了觀光客最愛的攝影背景。

　　至於黑，則是一隻隻黑色的牛在丘陵上吃草。原來宗谷黑牛已經成為一個品牌，說是吃了長在冰河時期以來的土質上又帶有海鹽的青草，肉質更加鮮美。打破我們對於北海道只有海鮮的既有印象，貪吃的我們在一個專賣觀光客的食堂裡點了宗谷黑牛丼飯，味道普通並不讓人驚豔。倒是後來嚐到了用黑牛煎的牛排才真正領略到宗谷牛的美味，還好沒有因為那家手藝差的餐廳壞了我對宗谷黑牛的評價。

　　其實決定在稚內租車還有一個目的，因為只有開車才能到達幾個當地人才知道的景點。其中之一是拔海漁港，拔海（Bakkai）很有意思，是電影《南極物語》的拍攝地，廣為鐵道迷所知。從稚內往南的第三個火車站，號

1：一萬年前冰河時期形成的宗谷丘陵也是有名的牧場，這裡專門飼養黑牛，吃著營養的丘陵牧草長大的宗谷黑牛已經成了一大品牌。 2：位在和平紀念公園的祈禱塔是為了紀念一九八三年大韓航空墜機罹難者的慰靈碑，夏天的時候周圍會開滿紫紅色的海石竹花，非常漂亮。3：在丘陵上偶爾可以遇見蝦夷鹿，看牠的鹿角有多巨大。當地居民說有時候鹿會跑進後院菜園子裡偷吃菜。

　　稱日本最北的無人站，從一九二四年啟用以來的木造站舍還保留著。我們的目標除了最北車站，還有三公里外的拔海港，一個杳無人煙的海邊，本來只是想在小漁港逛逛，卻在這裡看見了從襟裳岬以來一直無緣見到的海獅。

　　連結稚內野寒布岬到拔海之間的沿海天鹽線，也有人稱道道（北海道道路）106 號，這是一位朋友推薦的私房路線，有名的夕陽公路。因為面向日本海，天氣好時可以看到利尻島和禮文島，整條公路不要說人家了，沒有路標，沒有電線桿，沿著海一路下去，是一條讓人心曠神怡而且嘖嘖稱奇的道路，經過道道 106，如果再有幸看到日本海的夕陽，會讓人有種海市蜃樓的虛幻感，完全符合日本人對稚內的印象──天邊。

　　而在稚內經營水產加工的鏡石社長，特別帶著我們到夕陽公路上的一個

1：宗谷丘陵上的白，指的是五十七座風車，形成美麗的風景，初冬時少許積雪，到了嚴冬時則是一片雪白。　2：道道 106 上沒有電線桿，沒有路標，只有在下大雪時指引著路線的方向標。3：在最北端車站稚內的土產店還可以買到「最北端到著證明書」（一枚一百日圓），我沒買，倒是在稚內站裡蓋了八個印章。

當地人才知道的觀景點，叫作「夕陽之丘」的停車休憩處。儘管沒看見整顆蛋黃般的落日下沉，可光是夕陽餘暉一片彩霞就夠美的了。鏡石社長望著海，露出一副耐人尋味的表情，問起原因，他說面對日本海會讓他覺得特別平靜，但另一邊的鄂霍次克海就沒有這樣的感覺。

日本人好像普遍愛日落勝過日出，愛日本海勝過太平洋。儘管他們會在元旦到根室太平洋岸朝拜日出，但是更多人為日本海落日感動。俳聖松尾芭蕉形容過日本海的落日：「暑日沉入海，最上川。」最上川是山形縣內河流，西入日本海。儘管不是北海道，想像吧，這裡是日本海，又是夕陽餘暉，沉靜還帶點淡淡哀愁，教誰不感嘆一番呢？

隔了兩年後的初夏，我們又有機會重返北海道，但是又想去東京訪友，於

既然稚內號稱最北的車站，表示再往北就要搭船了。來往於禮文島和利尻島之間的交通船一天有兩三班，單程將近兩個小時，二等艙船票兩千多日圓。所謂的二等艙就像這樣通舖一樣的，經常往返的當地人一到就先找好位子把行李當枕頭躺下，睡到下船前才起來。

是這次選擇全日空航線。除了松山飛羽田更方便之外，只要再加兩千台幣就可以飛一趟羽田到北海道。因為省錢省慣了，既然要飛一趟國內線就飛最遠的吧！所以我們又再一次來到稚內。張國立吐槽：「妳不是說稚內什麼都沒有嗎？」其實不是什麼都沒有，是我還沒有感覺。在二〇一三年初看了一部電影《北方的金絲雀》，由日本資深女優吉永小百合主演，講一個離島老師和一群學生們之間的感人故事。拍攝地點就是日本最北方的禮文島、利尻島和稚內這幾個地方，讓我興起一定要去看看的興趣。

花之浮島與富士利尻山

　　從稚內有交通船前往利尻島和禮文島，單程大約都要兩小時，兩島之間則只要四十分鐘。儘管一天也能夠玩完兩島，但是我們都飛了這麼遠來，還是搭配船班時間訂出了兩天一夜行程，先去利尻島，再搭下午的船去禮文島入住民宿，第二天傍晚回稚內。

　　旅遊書上有兩個建議：一，想要玩得不勉強又效率好？還是二，隨興自由，充分體驗利尻大自然？哈哈，我既不敢挑戰登利尻山，也不想跟著 GPS 盲目開車，所以就選搭觀光巴士，即使聽不懂日文也大概能看到重要景點。

　　尻，中文裡讀ㄕㄡ，日文發音 shiri，利尻就是「Rishiri」。利尻島面積一百八十二平方公里，人口只有五千四百人。簡單說面積比金門大，人口卻只有其半。利尻山就突出在島的正中央，空拍畫面非常壯觀，整個島嶼幾乎圍著這座山發展。因為是火山形狀又形似富士山，所以被稱為利尻富士，據說在日本單是北海道就有十六座山被封上「××富士」之名，火山對他們來說真是無所不在！利尻山不僅是島上最大資源，從禮文島甚至稚內都可以看見他的模樣，可以說是北海道北方最重要的景觀。

　　我問了在當地經營民宿的女主人，任何時間、任何角度都能看到利尻山，很棒喔？她愣了一下說：「看不見，看不見……」因為每天都有活要做啊！哪會沒事盯著看呢？果真是「只緣身在此山中」。

　　四小時的觀光巴士行程基本上就是沿著五十六公里長的環島公路繞一周，欣賞沿路的景觀。利尻的美在於純淨自然，天空和海水一樣的藍，姬沼附近的植物露出初夏的新綠，空氣清新，湖水潔淨，倒映利尻山的美景讓人驚歎（我竟然哼起了伍佰唱的〈挪威的森林〉）。尤其我們到訪的季節利尻山頂上還有少許積雪，真的很像富士山普遍給人的白頭印象。

　　提起利尻山，我也是來到寶地才知道，台灣人熟知的白色戀人餅乾包

1：利尻島海水無汙染，自古就是上等昆布產區，清澈海水之下就可以看見昆布蹤影。這裡出產的是日本有名高品質的昆布，適合做高湯。2、5：高一千七百一十二公尺的利尻山無所不在，從稚內到禮文島甚至本尊所在的利尻島，不同角度各有風情，遊人們追逐、拍攝、征服它。「白色戀人」包裝盒上就是利尻山的照片。3：利尻山至今仍是活火山，它在之前爆發時噴出的熔岩落入海中，在南部仙法志御崎公園內可以看到熔岩在海中形成各種奇石怪岩。　4：六月起利尻和禮文開放捕捉海膽，漁民們駕著小船靠特殊技術手工捕捉。整個人好像都貼到海面上一樣。

禮文島貓岩與燈塔。

裝袋上的那個圖案，就是利尻山。這座名列日本百大名山的島上聖山，吸引登山客紛紛從日本各地前來。真的不誇張，從東京飛稚內的國內線航班上有八成都是全裝備的登山客。真正能登山的時間也只有六七八三個月。據導遊說，冬季利尻山全被白雪覆蓋，山頂積雪大概要到八月才會完全融化，而九月起天氣變冷又開始下雪。

　　電影《北方的金絲雀》拍攝的多半是冬天大雪之際，會發現利尻富士很美，卻美得極淒涼。也因為這部電影，利尻和禮文兩個離島又掀起了一陣觀光熱潮，當然主打的還是夏季登山和賞花行程。導遊小姐說當吉永小百合來島上拍片時大家都很興奮，但問起有沒有去看她拍片，兩個島的導遊都一副殘念（可惜）的表情說沒有。

　　禮文島面積更小，不到利尻的一半，人口也是。而同樣是四小時的觀光巴士，禮文島來的卻是一輛中型巴士，每個人位置很小還全車滿席，心裡才在嘀咕怎麼這麼沒誠意，行程的第一站就發現錯怪人家了。長八公里的禮文

林道道路狹窄，坡度又大，大型巴士根本上不來。當我們的車經過一群健行上山的歐巴桑時，心情既愧疚又爽快。

禮文島（Rebun）是個細長、多平緩丘陵的島嶼，它的面積比利尻小一半，地形也完全不同，最高的禮文岳也只有四百九十公尺高。最讓人稱道的是因為緯度高，島上有三百多種原生種植物，從五月開始到八月間各類花種陸續綻開，夏天在這裡散步是一大樂事。而且實際走一遭也發現並不同於宣傳手冊得來的印象；一是六月底很多花還沒開，二是島上的花並不是經過設計栽植的花圃，不像富良野的花卉農場那樣；禮文島的花從山邊、在海角甚至路邊土石縫隙裡綻放開來。

我似乎懂了；經過了長達半年的寒冷冬季，不要說是人了，連植物也需要伸展筋骨一樣。

比起利尻，我好像更偏愛禮文島；可能因為不像利尻山搶走全部風采，禮文的每一處海角都有自己的美。南部靠近香深港的桃岩和貓岩，因為形似而命名。澄海岬（Sukai Misaki）如其名，乾淨、湛藍的小海灣，像個仙境。再往北的スコトン岬（Sukoton Misaki）視野遼闊，海天一色，天氣好時可以目視到庫頁島（又來了）。在這個島上，好像可以快樂散步到天涯海角沒有阻攔，讓人想一直一直走下去。

張國立又吐槽了：「妳忘記從香深港走到民宿時，一路唉唉叫。」

我辯解：「都走了四十分鐘，還不見民宿蹤影，當然要搭車。」

其實因為這段非預期的小插曲，讓我見識到禮文島的人情味。首先是抵達香深渡輪口，我在觀光案內所要市內地圖時，服務小姐主動要幫我打電話請民宿主人來接，我因為還要去吃午飯婉拒。吃完飯一路找民宿時碰到小學生下課，主動跟我們打招呼說：「こんにちは。」再來是還不知道要走多久才能到民宿時，看到巴士來了就跳上去，請司機讓我們在民宿最近的車站下

禮文島百花物語。共有兩百多種高山植物，有些還是禮文的原生種，別的地方沒有。而這些美麗的花卉只有六到八月才能看到。

車，司機不但好心地停在民宿外的馬路邊還指引我們怎麼走。更感動的是民宿女主人非常親切，對沒有去接我們感到抱歉，還把我們送回港口附近去租車觀光，並要求租腳踏車的店家到時間打電話給她再出來接我們。不但如此，她怕我們遠從台灣來沒有好好認識禮文島，建議我們隔天可以再去她推薦的景點看看，怕我們走不完兩個小時的路程教我們隨時可以打電話給她，接我們去搭船。

後來跟在稚內經營旅舍的遠藤先生提到，他也說在小學畢業旅行時就特別感受到禮文島的人情味。

旅行，除了分享當地的風光及歷史文化，人情的接觸更讓人難忘。第一次到稚內時火車站還沒更新，那時候有一個觀光詢問處，一位掛著稚內觀光大使牌子的

五六十歲的太太，親切地為我說明提問，臨走前我去謝謝她，還送了我一套當地藝術家的版畫明信片。第二次我帶了鳳梨酥想送給她，沒想到稚內車站更新，變得又大又明亮，可是我找不到她了。

後來我又認識了幾個人，都很有感觸。一位是為漸漸捕不到魚而擔憂的水產業鏡石社長。一位是經營著國民旅社兼當地觀光協會副會長，不斷地、積極地為宣傳稚內甚至還來台灣推廣的遠藤先生。另一位則是在稚內市街上承續父親的料理店，做

上：面對宗谷灣的北防波堤是為了防止強風及強浪而建造的，全長四百二十七公尺，全球罕見的半弧形狀防波堤，使用七十根圓柱的哥德式拱門建築，設計感十足。　下：二〇一二年十一月在日本上映的電影《北方的金絲雀》台灣也上映過。拍攝地遍及稚內、利尻和禮文島，重新帶動了日本最北方這些地方的觀光熱潮。

出好吃的料理，帶給當地人歡樂同時，也讓觀光客品嚐到稚內美味的小竹先生。

生活在這麼一個十月底開始下雪一直下到隔年四五月的天邊，這裡的人應該有自己的人生信仰吧？我想。

便當情報

便當名稱：蝦夷海鮮飯、豬肉蓋飯
購買地點：旭川車站

對於吃，我絕對有遺傳到爸爸的基因，
一是愛吃海鮮，二是貪心。

在北海道要吃海鮮滿街都是，當然連
火車便當也都主打海鮮。繼之前新千
歲機場的極上三色海鮮飯之後，在往
稚內的路上，我在旭川站看到一個更
豐富的海鮮便當名叫「蝦夷味覺」（蝦
夷わっぱ）。
這個便當是旭川站限定，一個一千日
圓。看中的就是裡面豐富的海鮮；首

先引人注目的是蒸過的海膽，醬油醃漬過的鮭魚子，螃蟹，扇貝，蛋絲，海帶
芽，紅薑等等，搭配的是醋飯，わっぱ是醋飯的意思。整體來說就是散壽司，
高級的散壽司。由於每種食材都各別調過味，與吃生魚片散壽司不同。滋味更
豐富。

至於第二次再在旭川上車時間很早，便當店進貨的種類還不多，我只好選了
富良野出產的豬肉蓋飯（とんとろ丼）。

我原來只認得とろ這個字應該是
黏呼呼，沒想到裡面真的附了一
個半熟蛋，給人要吃之前才加
在豬肉片上的，日本人真是愛吃
半生蛋啊。說起來單是豬肉蓋
飯味道還不錯，只是沒有誰能
比得過帶廣車站的豬肉丼。不
同的是這個便當附的醬汁是鹹
鹹辣辣的韓風辣醬，對了，附的
小菜也是像韓國料理一樣拌過

麻油芝麻的菠菜和胡蘿蔔。我喜歡的是便當裡還有一個小小連皮炸的馬鈴薯，
香香甜甜的，既下飯也好像吃甜點一樣。

至於從稚內回程時我吃過牛丼便當、螃蟹飯還有一個海膽飯糰，為什麼能吃
這麼多？我回答張國立：不知道什麼時候才能再來稚內？結果他戳破我的藉口
說：「這根本就是妳的基因，貪吃。」自己也有點後悔，因為都不特別。

至此，我可以說，北海道的火車便當還是要吃海鮮類，尤其是牛肉，目前沒有
讓我滿意的。

性感的禮文的囚人魚 張國立

　　當魚上桌時，面對牠那剛成熟的細緻身段，我只能用性感來形容。烤得快熟時得馬上下筷子，否則肉老了喪失入口那剎那的綿密口感……

1：美麗的澄海岬。 2：禮文島上隨處可看見曬昆布的景象。 3：美味海膽飯。 4：只能用性感來形容的花魚。

　　我從小愛吃魚，和一本漫畫有關。故事有濃濃的小木偶與唐吉訶德影子，大意是日本一位單身老木匠在晚年利用零碎的材料，做出一具木製機器人，他費盡心思教育機器人，沒想到當機器人智能長大後，他要出門去闖天下。老木匠當然很傷心，但也無法阻止。就這樣機器人穿上武士服，插著兩把刀步入山高水低的江湖。

　　機器人的模樣很特別，頭和身體是圓柱體，以細長的脖子與竹竿式的腿支撐，頭髮很少，只有三根，像避雷針。

　　當然他一路上鬧笑話式的行俠仗義，忘記已是明治時代，武士早已成為歷史。如同唐吉訶德，生在不對的時間，到了不對的地方，做的任何事自然可笑。

　　其中有一集，機器人在旅程中肚子餓，便找家館子吃飯。那時日本食堂多採榻榻米式，機器人坐在邊緣，一腳踩在土間，一腳橫置於榻榻米上，店家送來小茶几，他便側著身子吃飯。几上是兩樣漬菜、一碗味噌湯、一大碗白飯，與一條煎得香氣四溢的魚。

　　啊，旅行者最大的享受莫過於此，熱湯熱飯與一條魚。

　　後來老媽問我愛吃什麼，我總說魚。

　　初中念夜間部，老媽要上班，她便把一條魚與飯放在電鍋內，告訴我中午時只要按下那個黑頭的鍵，二十分鐘後即可吃飯。

　　我獨自坐飯桌前，打開防蒼蠅的紗罩，裡面有兩三樣小菜，然後從電鍋拿出飯與魚，吃得飽飽好上學。

　　到北海道，有天走進函館的市場，趙薇問我想吃什麼？我直覺反應，魚。恰好市場內有家館子，我們坐進去，那天的午飯是一條剛烤好的一夜干花魚，兩樣漬菜與白飯、味噌湯。

　　人在任何時候都有機會回到過去，回到記憶裡，從而得到滿足的愉悅。那麼最好的花魚在哪裡？

　　很多種說法，不過有人告訴我，既然你們要去稚內，就千萬別錯過當地

上：在函館市場內吃的花魚套餐，簡單直接，為的就是那條魚，烤得金黃誘人。下：禮文島的新鮮花魚剖開後白嫩香豔，有點捨不得下筷子。

的名物，海膽與花魚，禮文的花魚不必一夜干，吃新鮮的。

搭渡輪到禮文島找魚去。

下了渡輪大約走十分鐘，當地人推薦的ちとり爐端燒便有美味的魚。這家店有名的料理是ホッケ，漢字寫成左「魚」右「花」，就花魚吧。

牠是國民魚，據說剛從魚卵內孵出來時是青綠色的，一群群聚在一起，從水面上看像朵花似的，於是有「北國之花」的稱呼，北の花的日文發音是「ほくか」慢慢蛻變為ホッケ了。

魚不大，去了頭和我的手差不多大小，因為很容易腐敗，以前又沒有冰箱，不易保存，北海道人就稱牠為「囚人魚」，意思是只有犯人才吃的臭酸魚。到了二次大戰與戰後，日本人缺乏糧食，花魚才上了一般人家的飯桌。

近年則因近海捕獲的鰊魚數量愈來愈少，花魚漸漸受到重視。

　　由於易腐，花魚上岸後常抹了鹽晾乾，做成「一夜干」，這樣可以放久一點，吃前烤或煎，肉質依然肥美，就是，鹹了點。

　　ちとり名聲遠播當然和使用新鮮的花魚有關，整條魚去頭、剝了皮再剖開，白嫩嫩的抹了點味噌，撒上點蔥花，放在炭火上烤。

　　當魚上桌時，面對牠那剛成熟的細緻身段，我只能用性感來形容。烤得快熟時得馬上下筷子，否則肉老了喪失入口那剎那的綿密口感。

　　吃花魚，不必說，配白飯和味噌湯，最簡單的模式，最豐富的吃法。

　　不知不吃道，吃了才驚到。囚人魚以前的解釋是給囚犯吃的魚，但在禮文島吃過之後，呵呵，吃過了就必經常思念，而成為花魚的囚犯了。

1：位於スコトン岬，全日本最北邊的廁所。　2、3：禮文島自然景觀。

搭復古蒸汽火車往二世谷

　　搭乘蒸汽列車最期待的就是發車了，火車鳴的一聲長汽笛，然後戚戚喳喳輪子開始滾動，說實在的，在我的記憶裡應該最早也只搭過柴油車吧？可是還是覺得這聲音令人懷念。小小的緊張又帶點興奮，好像小孩看到玩具一樣，但這可不是湯瑪士，而是真真實實燒著炭會冒黑煙的蒸汽火車哦。

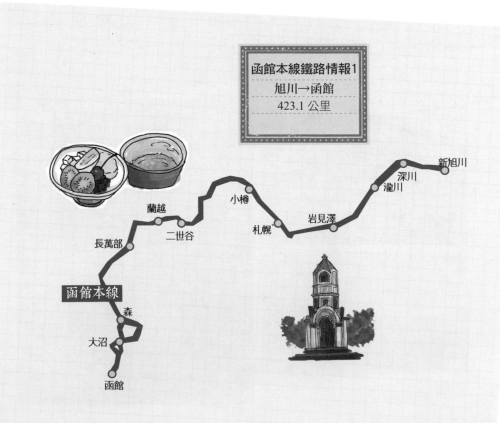

函館本線鐵路情報1

旭川→函館

423.1 公里

新旭川
深川
瀧川
蘭越
小樽
岩見澤
二世谷
札幌
長萬部

函館本線

森
大沼
函館

在鐵道環島路線中，我們利用函館本線從札幌往南來到道南，一路換搭了三種不同的列車。從札幌搭上的是 SL 二世谷號蒸汽火車到二世谷，停留兩個小時後，換搭北斗 1 號列車到大沼公園，在大沼公園住宿一夜，隔天中午再搭普通列車前往函館。

C11-117 機關頭拉著咖啡車

函館本線不僅是北海道最早的一條路線，也是連接本州最重要的交通，又被稱為北海道的大動脈。鐵道在俱知安到小樽之間山巒迭起，被稱為山線，沿路可以欣賞到有蝦夷富士之稱的羊蹄山，還有二世谷高原和石狩灣的斷崖絕壁，而長万部到函館之間則是沿著噴火灣而行，沿途可以看到美麗的駒岳和這座活火山爆發後製造的大沼和小沼美麗的湖光山色，一條路線兩種享受，加上經過的幾個特色城市，例如：小樽、余市、二世谷、大沼公園和函館都是有名的觀光景點。

SL 蒸汽火車進站時，早等在月台上的鐵道迷紛紛按下快門，還夾雜著「卡酷伊、卡酷伊」（好酷）不斷的讚嘆聲。

左：「SL 二世谷號」（SL ニセコ号）是不靠轉車台換方向也能倒退行駛的 C11 型。　右：蒸汽火車就是靠燒煤炭當動力，時代進步至今，燒炭不但速度不夠快也不環保，觀光用車讓大家回味一下就夠了。

1：二世谷號是秋季運行列車，車上裝飾了楓葉應景，還有車掌小姐穿上復古設計的服裝，一路解說兼送獎品。　2：通常日本人都知道要帶便當或零食上車享受蒸汽列車的優閒浪漫，但是像這家人如此陣仗擺開真是讓人眼紅。而且他們二十分鐘就把所有東西吃光光。　3：車上有一節咖啡車，這裡有販賣部，還有一個炭爐，天氣冷的時候可以在上面烤魷魚或麻糬，後半程就在這裡辦活動。

　　SL 二世谷蒸汽火車是 JR 北海道從二〇〇〇年十月企劃開始運行，屬於季節性觀光列車，只在每年的九月中開始到十一月初，大約兩個月期間內每個週末從札幌到蘭越之間往返一趟。這趟車採預約制，其中札幌到俱知安是全車指定席，俱知安到蘭越則是自由席，我們利用手上的 JR PASS 早早預訂好了位子。

　　搭乘蒸汽列車最期待的就是發車了，火車鳴的一聲長汽笛，然後戚戚喳喳輪子開始滾動，說實在的，在我的記憶裡應該最早也只搭過柴油車吧？可是還是覺得這聲音令人懷念。小小的緊張又帶點興奮，好像小孩看到玩具一

樣，但這可不是湯瑪士，而是真真實實燒著炭會冒黑煙的蒸汽火車哦。

　　SL 二世谷蒸汽列車用的是編號 C11-117 的機關車。我不是鐵道迷，對於蒸汽火車一點都不懂，看著車廂裡對二世谷列車的介紹：C11 是一種水櫃式蒸汽機關車，是日本在二戰前後由川崎工業研發生產的蒸汽車頭，C 代表的是導輪一對，動輪三對，從輪則是兩對。大概就能想像火車啟動後輪子帶動輪軸推著走的畫面。

　　二世谷列車共有四節，其中三節是座位，一節是咖啡車，每趟車程都會安排活動在這裡舉行。而車廂也走懷舊風格，原木地板，復古油燈，絨布卡座，最讓遊客好奇的是車廂裡的燒炭的火爐，看到的人無不一陣相機劈哩啪啦地按快門。SL 二世谷蒸汽火車因為是秋季運行，車廂裡還裝飾了紅葉，不論車內或車外都充滿了秋天的氛圍。

　　列車從札幌出發後會停留幾個站，首先小樽停留半小時，有的乘客從這裡上車，另外也可能是因為札幌的月台有頂光線不佳，來到小樽順便要讓拍照的旅客有機會抓住漂亮的畫面。列車停在小樽第四月台，這個月台又被稱為「裕次郎月台」，因為日本昭和時期紅牌演員石原裕次郎曾經在這裡拍過 NHK 連續劇，月台上放了一個他的人形立牌向他致敬。可想而知，日本籍的遊客又是一陣合照。

歐風車站與蝦夷富士

　　張國立對搭蒸汽火車沒啥興趣，一

在以威士忌酒廠聞名的余市車站上種植了蘋果樹，象徵水果也是余市的特產。

1：二世谷以滑雪勝地著名，車站是一棟山間小屋風格的歐式建築。時序入秋，站前裝飾著南瓜應景。2：車掌除了查票，還要用古時候搖鈴的方式通知到站。途中還要在咖啡車上兼辦活動主持人，真是一職多用。3：二世谷車站是一九六五年建造的，至今保存完好，一樓還出租當成咖啡館使用。

臉彆扭。但是聽到車掌介紹說下一站是余市時給了我一個曖昧的笑。

原來接下來的停車站是余市（Yoichi），余市曾經因鯡魚豐收而風光過，後來出名的是NIKKA威士忌酒場所在地。我們有個日本朋友是這裡人，還把余市的發音自嘲是「醉い地」（發音相同）。張國立問我為什麼不下車？我可不能還沒到目的地就讓他喝醉了。

余市還盛產蘋果，SL列車停留了十分鐘，月台上在販賣農家自製的蘋果派，還在咖啡車內辦活動送蘋果。我沒搶到蘋果派也沒有拿到免費蘋果，還好我有買到SL列車造型便當。

SL蒸汽列車基本上就是販賣懷舊製造浪漫，若說有什麼活動是大人小孩都愛的，非屬這個不可，環視車廂裡要不是爸媽帶小孩就是祖孫三代同車玩樂。可是，我隔壁座的一家四口，爸爸一上車就盯著報紙看，媽媽則是瞌睡打不完，姊姊一個人悶著頭看書，小弟弟一直很乖地坐在位子上看窗外。我心裡才在納悶如果這樣何必出來旅行呢？還好拍照的熱鬧過去後，大家比較安分地坐在位子上聊天的聊天，吃便當的吃便當。這家的爸爸也看完報紙，媽媽終於醒了，小弟弟獲准去咖啡車買了一個冰淇淋，看著他一小口一小口地吃著冰淇淋，幸福的模樣也讓我鬆了一口氣。

就在窗外風光由海景轉為山景沒多久，列車滑進了二世谷車站。

二世谷（Niseko）車站是日本少數使用片假名標示的車站，因為旅遊業盛行，於是被華人世界通稱為漢字的「二世谷」。「ニセコ」源自愛伊努語，有「險峻的斷崖」的意思。不僅名字洋化，這裡因為以滑雪勝地著名，一九六五年建設的車站也以山中小屋的歐式風格設計，十月楓紅之際更是應景地在車站前擺飾了許多南瓜，會讓人一時有空間錯亂的感覺。

有時候，覺得北海道不像日本，比較像北美或加拿大。像是搭釧網本線在川湯溫泉停留轉車時，我們出了車站，一片空曠，遠處楓葉紅了樹頭，近處是木造小屋，連空氣都是稀稀淡淡，帶點冷冷寒寒的味道，對我來說，那

是我曾經在北美和加拿大洛磯山脈聞到過的味道。

　　二世谷的空氣，也有類似的味道。其實，可能是秋天，緯度高的地方，尤其是山區應該就是這樣吧？倒是我在山梨和長野縣的山裡就沒有這種感覺就是了。

　　二世谷是著名滑雪勝地，另外就是泡湯。兩者都不做的我們多出了兩小時的空檔。感謝觀光案內所的服務人員，除了給地圖還熱心地告訴我們站前泡湯處有免費的腳踏車，避免了張國立原本準備在車站前表演空手道打爛那堆南瓜的計畫。

　　我騎著腳踏車沿著公路，一路騎向羊蹄山，那經驗好震撼。

　　羊蹄山又被稱為蝦夷富士，是日本百大名山之一。北海道被冠有富士的十六座山當中，我覺得羊蹄山是最像富士山的。終年積雪不化一千八百多公尺高的山頭就在眼前愈來愈巨大，彷彿就要撞上去一樣。

　　有人說：旅途中最重要的是「感動」。看見美麗風光時的感動，吃到美食的感動，還有人與事的感動。我有被羊蹄山的雄大感動到，而張國立最在意的則是日本白樺派作家有島武郎的紀念館，他一邊嘀咕為什麼日本作家可以有這麼棒的紀念館？為什麼紀念館就建在這麼漂亮的羊蹄山的山腳下？為什麼有島武郎會有土地可以捐他卻沒有？

　　這不叫感動，叫感嘆。

沿途搶購花枝飯與螃蟹弁

　　從蘭越到大沼公園的列車，經過兩個車站引起我的注意：一個是「森」，每年在東京舉辦的火車便當大賽中連續四十多年銷售量都得第一的花枝飯發源地，月台上就有賣的，可是有些便當迷甚至會直接去站前阿部商店購買。

　　另一個則是長万部，提起長万部即使不是便當迷也都知道這裡的名物是螃蟹飯。雖然在其他地方也吃得到買得到螃蟹飯便當，但長万部是元祖。歷

便當情報

便當名稱：北海道鐵道一百三十年紀念野餐盒
購買地點：札幌車站

SL 二世谷蒸汽列車既是秋季也只有週末運行，我在札幌車站便當販賣處看到限定的「北海道鐵道一百三十年紀念野餐盒」，一個八百五十日圓，當下就決定是它了。因為外殼是一個 SL 蒸汽列車模樣的紙盒，很期待裡面的內容。這個名為野餐盒的火車便當其實是日式風格，做成小飯糰方便在火車上吃。為了紀念北海道鐵道從一八八〇年開業，裡面內容綜合了北海道各地的物產，包含了對北海道漁業有紀念意義的鯡魚，還有據說那時候富良野開始栽植洋蔥，也把洋蔥和富良野和牛湊對，另外像是函館噴火灣的扇貝、網走產的鮭魚子還有日高地方的銀杏……。最後還附了一個紅豆麻糬，很難想像日本人對一個便當如此重視。雖然每種都只有一點點，愈是這樣愈讓人意猶未盡。難怪每年在東京舉辦的便當大賽會吸引全國四百多家業者參賽，如果沒有一點創意怎能出頭。

史記載：戰後缺米，無法供應大量的便當。剛好長萬部漁民在噴火灣捕到大量的螃蟹，有商家就將螃蟹煮過，用報紙包著一隻隻在月台上賣。很難想像旅客們在火車上吃螃蟹的模樣，小說《美食放浪記》裡形容：「每個人嘴裡啃著螃蟹，蟹殼散在展開的報紙上堆成小山模樣，一派幸福滿足的模樣……」

相較於改良後把毛蟹的肉挑出來鋪在炊飯上，裝飾滷過的香菇、蛋絲和梅干，我覺得現在如果在車上還能賣整隻毛蟹的話，應該會再次造成大轟動……

還有一次從札幌搭上早班列車，只買了麵包打算在車上買杯咖啡，早上十點不到，已經有乘客吃起了便當，我當場覺得後悔。而當列車經過長万部後，車上販賣小姐送來兩個便當給隔壁座的乘客，竟然是蕎麥便當。一問才知道，蕎麥便當也是長万部的名物。懂門路的人會在車上訂購，店家會在列車經過時送到車上來。第一家製作蕎麥便當的合田商店還在便當中附帶甜點──蜜柑，據說很多便當迷是衝著這個而來。

有時我實在不懂為什麼日本人會這麼熱愛火車便當。

自行車遊大沼公園，最高！

從二世谷重新搭上列車，這次是藍色車頭頗有速度感的「北斗」列車。目的地大沼公園（Oonumakouen）。

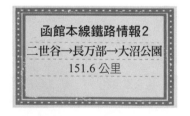

函館本線鐵路情報2
二世谷→長万部→大沼公園
151.6 公里

在一本攝影集上看到過一張照片，JR列車穿過藍色湖泊行駛在兩個島之間，島上滿是正紅的楓樹……這就是大沼國定公園的景象。既然是秋天，又是去函館的途中，我不但決定停留而且還預訂了位在公園內的民宿「風」。

大部分的日本遊客都是開車來遊大沼公園，沒有車的人有兩種選擇，租

1：親切對我們打招呼的車掌。　2：這是羊蹄山下鐵道，因為是鐵道旅行，所以沿途見到鐵軌就拍。其實最想拍的是火車經過，但是如果拍到火車經過表示我得等下一班啦。　3：頗有速度感的北斗列車。4：駒岳三百多年前噴發形成了堰塞湖，沒有淹沒的陸地就形成了大大小小一百多個小島。島上一株株紅黃綠夾雜的美麗風景，像是大自然的盆栽。　5：大沼國定公園是包括大沼、小沼、蓴菜沼等眾多湖泊的總稱。大沼湖水倒映著藍天白雲非常美麗。

腳踏車和散步。貪心的我兩者都要。先騎腳踏車沿著環湖道路遊湖。湖畔車道周長十四公里，騎一圈也只花一個小時。最棒的一段是從車站出發經過月見橋，三種車（火車、汽車和腳踏車）並行的經驗好特殊。

　　騎到駒岳山腳下是欣賞這座火山最近的地方。駒岳，同樣是火山卻不似富士山般圓錐體山頂有個火山口的印象；從大沼方面看，駒岳的山頂像一把利刃，還拉出一條長長的稜線，非常特別。而從另一邊也就是內浦灣看過來則是另一個山形，很有意思。我才剛經過蝦夷富士，那時還說最喜歡羊蹄山，可是這時候我又改變心意，愛上駒岳的與眾不同。

　　至於要欣賞湖景，散步才是最佳選擇。大沼上的一百多個小島中，有些由橋樑連絡起來，形成一條水上步道，有的還是拱橋造型。說像歐洲嘛？更像北國的江南。湖上有人划船，橋上有人寫生，反正就是很美，美不勝收。

　　很高興決定在大沼公園停留，同樣是自然風光，這裡和道北廣闊大地甚至和道東的知床國立公園完全不同，有一女子一個人在湖邊紮營，腳邊煮著咖啡，手裡捧著一本書，一派優閒。近處甲板上有人釣魚，遠處湖灣中有人划著獨木舟，遠離塵囂，寧靜卻又不孤寂。

　　「我也想在這裡露營。」張國立則給了我一個白眼。

　　大沼公園距離函館只有二十公里，有火山就有溫泉，紅葉加上溫泉，當然成為最佳度假勝地。難

騎腳踏車遊大沼湖，看遍園內美麗的紅葉。

怪這裡是從江戶以來就被函館人當作後花園，還受到皇族和當時居住在函館外國人的喜愛。我沒有在其他季節來過，聽說冬季時湖水結冰，駒岳白頭，大地一片寂靜，讓人感動。但是此時，空氣清新，楓葉正紅，真可以用日文形容：「秋の自然を満喫」，充分感受秋天的大自然。

感動之餘突然發現，大沼是所謂的國定公園（意思是有還不到國立公園標準由地方政府主管的公園），而在北海道，除了大沼還有網走和日高山脈襟裳岬等五個國定公園，我就差積丹還沒去過。而北海道總共有五座國立公園：支笏洞爺、大雪山、阿寒國立公園、釧路

上：火車過橋。　下：大沼上的一百多個小島中，由橋樑連絡起來，形成一條水上步道，有的還是拱橋造型。

濕原和知床國立公園，全都可以打勾。突然有點自豪，儘管我不是山女子（日本近年新興名詞：山ガール，形容愛山登山的年輕女孩），只是到此一遊，但就像每到一個車站就要蓋章的心情一樣。

張國立又翻白眼吐槽地說：「集滿了可以換多啦Ａ夢風扇還是啦啦熊咖啡杯？」

教人怎能不愛她——函館

到函館必做的三件事：除了看夜景、還有吃海鮮和散步。

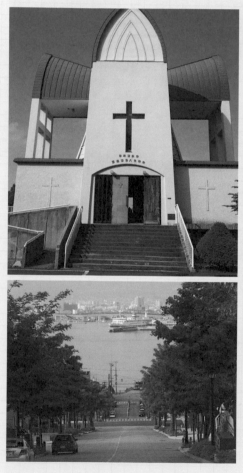

函館本線鐵路情報3
大沼公園→函館
28公里
22分

　　從大沼公園搭著慢車悠哉晃蕩到函館，心裡還貪心
想著如果是暑假期間就可以搭行走於函館到大沼公園之
間的大沼號蒸汽列車。

　　函館本線是北海道最長的一條鐵道，從旭川到函館
全長四百五十八 · 四公里，從道央到道南共九十八個站，被形容是一條向
山向海而行的美麗風景線。之前經過的二世谷和大沼公園是我認為沿線最美
的車窗風光，而終點站函館，更是北海道最浪漫的城市。

二十間坂和八幡坂散步

　　似乎是緣分，與莫名喜歡一個人一樣，對於函館，有一種暗戀幾近著迷
的程度。

　　第三次到函館了，主要為的是前兩次都沒有看到的函館夜景。很奇怪，
不論是初秋還是冬季抑或是這次的初夏，抵達函館時總是陰天。雲層很厚，
似乎警告我隨時有下雨的可能。果然，才從函館車站出來搭上電車時雨就落
下來了。這次在函館三天兩夜住在小山坡上的元町旅館，辦理入住時旅館經
理指著函館山的山頂（從旅館就能看見）跟我說：沒問題，山上的雲層不
多，晚上應該還是有機會看到夜景。我不太想賭，想起第一次搭上纜車才
三十秒，站務人員就道歉說看不到夜景了。我心裡禱告，拜託老天爺賞我一
點運氣讓我圓夢。

　　天公果然疼憨人！第二天整天天氣晴朗，傍晚六點半就搭纜車到了函館
山頂，沒想到已經很多人在展望台佔好位置。廣播說日落的時間是七點十四
分，一旁的日本觀光客說：日落後的半小時才是最佳觀賞時刻，張國立穿了
短袖襯衫喊冷，要去樓下室內取暖，我不想錯過日落的任何一刻，一個人在
觀景台吹風，不是啦，是真的捨不得漏看函館的暮色，一分鐘也捨不得。

　　和里約、香港並稱世界三大夜景。我覺得函館夜景主要吸引人的是地

形，峽長的半島被右邊的津輕海峽和左邊的函館灣攔腰夾出一條腰線，像是數也數不完的珠寶裝在沙漏裡，一閃一閃的。最漂亮的時間點是天空要黑不黑地呈現綻藍色，陸地上繁華的街市在暮色中點亮的路燈，這晚，藍黑的天際線還掛著一輪圓月，真的很美，很浪漫。

到函館必做的三件事：除了看夜景、還有吃海鮮和散步。

函館的建市歷史比札幌還老，和長崎、橫濱一起開港接受西化，也因此函館充滿了異國風。車站出來走沒多久就是港邊，停泊在港灣中的休閒遊艇也讓函館港顯得更時髦。遊客最愛舊時紅磚倉庫群改裝成的賣場，周邊還有許多特色餐廳。往山坡上走石坂道通向教堂群，介於二十間坂和八幡坂之間，有天主教、基督教和東方正教不分彼此匯集一區。我還注意到日本東本願寺的函館分寺，號稱日本最早的鋼筋水泥寺廟，也成了宣傳的噱頭。

教堂群周邊的景象在夏天和秋天，白天和夜晚呈現出不同的氣氛，怎麼逛都不會膩。我來了三次函館，每次都花了不少時間泡在這裡。

花かんろ的紅豆饅頭與茶房ひし伊的厚片吐司

花上一、兩個小時閒逛拍照，然後整車拉去看夜景，是一般團客遊教堂群的模式。我則覺得找家咖啡館或茶屋坐坐，輕鬆地享受悠閒的午後才是王道。教堂群分布的小徑上有一家菊泉茶房是老字號，大正時期的老屋搭配白玉糰子聖代走和式風格。另外一家在日和坂路口的甘味茶房「花かんろ」則是一棟帶著函館特色的傳統建築物，所謂的函館特色指的是兩層樓的建築，一樓是和式二樓是洋式的設計，這裡也提供和式紅豆糰子甜點，屋外掛著一幅「冰」的掛簾隨著風吹動著，光是看就覺得涼快。

其實，往坂下走介於寶來町和末廣町附近還有許多「和洋合一」的老房子，這是函館受洋化影響，一樓是木柵門二樓是西式窗稜留下來的設計。這其中有許多被改成了咖啡館或餐廳，尤其位在這兩個町中間的銀座通，更是

餐飲一級戰區。銀座通，一聽就是城市裡最時髦的地方，從大正末、昭和初期以來就聚集了咖啡館、餐廳、唱片行和理髮店的摩登街道。那時候咖啡店佔了其中七成，被喻為東京以北最大的一條咖啡街。

對了，為什麼理髮店也會在一起呢？據說，那時的咖啡館就是洋派時髦的象徵，男士們會先到理髮店裡刮刮鬍子整理儀容，打點像樣之後才去咖啡館，有點像以前上海灘的味道。

函館得天獨厚的歷史資源提供了餐飲業者積極發揮創意，除了懷舊摩登集於一堂的氛圍，白天賣咖啡晚上搖身一變成為酒吧，也是函館咖啡館的一

函館自幕府末期做為一個商港開發，許多古倉庫留了下來，百年來有的改建成商店或咖啡館，有的則什麼也沒做立在路旁默默述說歷史。

大特色。就像日本旅遊書上形容：「充滿歷史感的函館，連咖啡館也是由古老建築改建，讓人感覺心情特別輕鬆，好像忘了時間的存在。」

　　而我特別喜歡宝來町上一家懷舊咖啡館——茶房ひし伊。這是一棟大正時期（大約九十年）建造的「藏」，也就是用來存放穀物或商品的倉庫，明治時期被當做當舖使用，而從昭和末期起被當時老闆娘改成咖啡館營業，隔壁建築則兼賣二手骨董衣物。挑高的天花保留著粗大的欅柱，就是電視節目《全能住宅改造王》裡常見重建的風格，入口處寬大的吧台，格子窗，半和半洋的食器，在這裡喝的不只是一杯咖啡而是歷史的回味。

　　函館的咖啡，有一段非常特別的傳說。在蝦夷地的史書裡記載：因為是北海道最早開放的港都，這裡的咖啡是在幕末的時候引進，最早是在箱館奉行所的土產店裡販賣，那時被拿來當藥物推銷，說是可以治感冒和腳氣病。這種說法雖然和咖啡的起源傳說之一很類似，可是時間上卻差了幾個世紀。就連沖泡方法也像中藥煎煮一樣，先在藥缽裡磨碎，裝在麻袋裡用陶壺來

1：由舊倉庫改成的咖啡館以大吧台做為號召，店內顧客很多是本地人，老先生一人往吧台一坐消磨一下午，函館就是這樣一個悠閒浪漫的城市。 2：有了懷舊的氛圍，特色的食器，厚片吐司好像也變得更美味了。 3：和風花かんろ茶屋門簾，像在對旅人招手。

有一百年歷史的函館電車目前還有三十七輛在運行，
分別漆上不同的顏色很顯眼，資歷最深的ハイカラ号也
將近百歲年紀。

煮，喝的時候再加砂糖。

　　試想：武士們踩著木屐，綁著髮髻，配著大小刀，坐在洋風咖啡館裡翹著小指頭捧著杯子喝咖啡的模樣？

　　張國立打斷我的胡思亂想：「為什麼這家咖啡館的厚片吐司這麼好吃？」

　　函館的歷史氛圍除了在教堂群，在咖啡館之外，還有開通百年到現在還在市中心來回穿梭的路面電車。

　　擁有一百年歷史的函館市電已經成為這個城市的一大景觀。而且函館的路面電車主要路線行走於市中心，連接了幾個重要的觀光景點，最遠還可以到五稜郭或湯川溫泉。函館市電每一個站距離不長，行車時間約兩分鐘，而且速度非常慢，只有二十公里，還要等紅綠燈。乘車一次兩百日圓也不算便宜，可是對當地人來說就像是生活必需品一樣的重要。不像我們上車要拍照下車也要拍照，我想函館人看這些觀

光客都看煩了吧？

沒辦法，就像去香港一樣，搭電車也成為旅行的一部分。

說起來，函館的旅行目的和香港差不多哪！除了購物之外，夜景、電車、茶餐廳（等於咖啡館）還有，海鮮！！

函館素以漁業和觀光聞名。為什麼函館的漁獲能比其他漁港有名呢？我聽說是因為函館是寒流、對馬暖流、親潮三個海流的交會地，又是北洋漁業的聚集地，漁獲自然豐富。在靠近車站的函館朝市，從二次大戰後附近農家聚集販賣開始，現在已經成為北海道著名觀光市場。這裡聚集各地來的海鮮，最受注目的就是日本海捕撈的大螃蟹，還有夏天開始的海膽季，名聲不比遠在稚內離島禮文島的差。而我最愛的是槍烏賊，他們稱マイカ（Maika），從水裡撈起來整條切成絲做成蓋飯，既滑溜又彈牙，很奢侈。雖然我多年前體會過它的滋味，無論如何還想再吃一次這被選為函館市魚的名物。

市場咖啡賣烏賊生魚片、百年老店的洋風漢堡排

許多人在函館只停留一晚，要吃海鮮的話，近車站，就在港邊的函館朝市是首選。不過我打聽到在地人才會去的自由市場，就在市電新川町附近。

在自由市場的角落裡有三家餐飲店，我的目標是 CAFÉ MARCHE（竟然是法文，市場咖啡的意思）。不同於傳統食堂，店如其名走洋風路線，有兩位歐吉桑坐在吧檯喝咖啡，旁邊另有三張小桌子，桌面還是馬賽克的歐風裝飾。老闆很熱心地介紹店裡熱門套餐排行榜，我還是點了只有函館才有的烏賊生魚片。因為將剖開的烏賊切成細條狀，所以又稱為烏賊細麵。CAFÉ MARCHE 很有意思，是在顧客點餐後，老闆再到合作的攤販買回來製作。儘管我已經知道烏賊細麵的美味，但是在老闆的推薦下第一次嘗試了烏賊的內臟，原以為腥味很重，卻出奇地清淡甜美，就像老闆形容如海膽般的口感。

1、2：自由市場內有好幾家食堂，基本上都以海鮮蓋飯做招牌菜單，這家「市場咖啡」則是走洋風路
線，兼賣咖啡。　3：市場內三隻烏賊賣一千圓日幣，都是現捕活跳跳的才能做生魚片，到了食堂裡幫你
處理好一隻就賣到一千日圓了。　4：函館著名的烏賊細麵，將生的烏賊切成細絲，口感鮮脆甘甜，因為
夠新鮮所以將內臟附在一旁，據說喜惡各半。

美味的鮭魚親子飯。

在函館，除了海鮮，還有另兩樣必吃的食物就是拉麵和洋食。

北海道是拉麵大戰區，稍有研究的人都知道，札幌味噌，旭川醬油和函館鹽味是三大經典口味。函館這個拉麵天國甚至還對市民做過評比：人氣第一的是星龍軒，滋養軒自家製麵有嚼勁，旅館經理推薦的則是西園拉麵，因為一碗才五百圓日幣……。選項太多對我不利，不追流行又是張國立的毛病，所以我們選了旅館附近的福福亭。若說清爽不膩才是函館拉麵的王道，我覺得鹽味拉麵，實在是，太清淡了。

老實說，我對拉麵真的興趣不大，跟張國立說好吃一次拉麵要換一次洋食，而且一定要試試有一百三十多年歷史的「五島軒」。「五島軒」以咖哩飯和漢堡排聞名，雖然它到處都有分店，但我堅持到市電十字街附近的總店。

明治初期就創業的五島軒本店，中間也經歷過大火、改建，但現在內部仍保留老式西餐廳的風格。挑高的天花，復古風的吊燈，和穿著黑白制服的服務生。函館人吃飯吃得早，傍晚六點大廳的位子就已經坐了九成，有家族聚餐，有看起來像是男女朋友的中年男女，還有兩位穿著公司夾克制服的上班族，當然，除了我們還有一大桌不知道是哪裡來但一看就知道是觀光客。包廂裡也有一組客人，兩家人對面坐，應該是在相親呢。

我貪心地點了綜合咖哩套餐，張國立則是一貫不驚死人不愛地點了鹿肉漢堡排，兩者口味都還好，是因為遵從傳統口味讓我覺得不習慣，還是這些

人可能像我們一樣，在台北去吃波麗路是為了懷舊？

　　下雨時像西雅圖，晴天時又有點像舊金山，這只是我初淺、目前能想到的形容，雖然不盡相同，但有山，有海，有夜景，有豐富美味的海鮮，再加上懷舊咖啡館。如同日文裡的「滿喫」這個字，讓人充分享受。函館集這麼多浪漫優點於一身，教人怎能不愛她。

　　最後，當然張國立又說話了：「我看妳根本是滿『吃』！函館的歷史？箱館戰爭怎麼打的？五稜郭怎麼造的？妳到底是來幹嘛的？」

　　我管不了那麼多了，函館的歷史讓這位日文系畢業，又剛剛拿到領隊執照的張領隊來說明比較快。

便當情報

便當名稱：鯡魚便當
購買地點：函館車站

來到函館，一心想買日本全國便當人賽第一名的烏賊飯，卻沒想到車站便當亭說沒有，我還問說不是很有名嗎？原來那也是限定的。歐巴桑很熱心地推薦我另一個很有名，叫ニシン（Nishin）的便當，便當盒上一個斗大的「鰊」字，Nishin 我知道啊，是鯡魚啊！那次之後我才曉得，鯡魚是中文翻譯的字，日文裡 Nishin 的漢字就是「鰊」。

便當裡的鯡魚肉片甘露煮整整三片，鯡魚子也毫不小氣地給了好幾塊，初初一看，賣相並不吸引人，但，是因為食材好還是日本人的炊煮功力太強，味道很樸實但是很好吃。據說，這是承襲了當年鯡魚極盛時代漁夫們的吃法，即使鯡魚不再豐收，人們依然可以感受當時大漁的美好。

土方歲三與砂糖先生的函館

箱館戰爭的規模不大，倒是捧出一個英雄人物，土方歲三……

上：從展望塔看五稜郭，中央的木造房子是新建的北海道奉行所，也就是此地最早的市政府。 下：土方歲三的坐像，死時僅三十四歲，是唯一穿西式服裝的武士，也是最後的武士。

　　函館的地形很特別，像枚魚鉤伸在津輕海峽上。它的本名是宇須岸，也是來自原住民的發音，意思是「灣岸的尖端」，名符其實呀。十五世紀來自東北地區的大名跨過海峽開始經營北海道，在如今的函館山興建指揮中心，因為房子是木頭造的，條條框框，像個箱子，於是稱為箱館。

　　明治二年開始，南部的薩摩藩與長州藩主張「王政復古」，支持天皇並組成新政府軍，和舊有的幕府勢力發生戰爭，日本史上稱為戊辰戰爭，其實就是統一戰爭。新政府軍一路勝利，舊幕府海軍的一部分駕著軍艦往北逃亡，最終落腳於箱館，成立「蝦夷共和國」，這是日本史上唯一一次把天皇甩到一邊的「獨立」事件，新政府軍當然一路打來，很快結束這個短命共和國。

　　箱館戰爭的規模不大，倒是捧出一個英雄人物，土方歲三。年輕時他以販賣祖傳的「石田散藥」行走江湖，至每個道場和人比劍，後來被德川幕府招入門下，成為新選組的組長。戊辰戰爭中他和新政府軍作戰，恍然明白鋒利的武士刀不是槍砲的對手，開始使用火槍。

　　當幕府的殘兵敗將逃往箱館時，土方歲三率了他的手下去會合，他的膽子可能和三國時的姜維一樣大，攻下五稜郭後再輕易攻陷松前城，使得蝦夷共和國得以成立。當新政府海軍大軍壓境時，他再親率一艘舊式戰艦和新式的鐵甲艦打海戰，這回他見識到機槍，被打得大敗。

　　土方歲三後來死於五稜郭保衛戰，屍體下落不明。

　　日本人也喜歡悲劇英雄，而且土方帶著淡淡的《黃昏清兵衛》味道，也有濃濃的《末代武士》氣質，象徵幕府與武士時代的結束，又夾著點《唐吉訶德》戲謔性的悲傷，司馬遼太郎的小說《燃燒的劍》使土方復活。

　　五稜郭旁的展望塔內有土方的雕像與照片，帥哪，尤其梳個及領的西式髮型、穿上即使今天仍相當時尚的寬領洋服，比木村拓哉更帥更 MAN，據說日本歷史人物裡女性粉絲最多的就是他。土方也是年輕日本男生裡叛逆的偶

像，如中南美洲的切‧格瓦拉。

《燃燒的劍》後來拍成電影與電視劇，役所廣司因演出土方歲三而走紅。

箱館戰爭結束後，確定日本的統一，天皇並將箱館改為函館，發音相同。

如同星星形狀的五稜郭是十九世紀中，在美國船堅砲利的壓力下被迫開放函館為通商口岸，日本幕府興建的堡壘式砲台，完全採西方設計，之所以設計成五個角是為了利於安排火砲。新選組最後一役裡，新政府軍艦上的大砲把五稜郭炸得面目全非，直到一九一四年重新整建，種了一千多株櫻花樹後才又開放，改稱五稜郭公園。

函館是北海道的門戶，幕府被消滅後，昔日大名諸侯沒有了領地與收入，許多攜家帶眷從南方往北尋找再起門戶的地方，不少坐了渡船在函館上陸，有點錢的留下，沒有錢的再往內陸，一如美國西部的開發。朋友砂糖先生的祖先便從大阪先到青森再來到函館，最後在札幌落腳。

幾代之後，年輕的北海道人為了升學，揹起行囊回到祖先登陸之地的函館，再搭上渡輪穿過海峽到「內地」（本州）。函館記錄下不同時代的北海道變遷。

砂糖先生順著祖先的路線往回走，他到東京念大學，之後於北海道新聞社工作，我曾在 JR 北海道出版的會員誌《悠遊旅俱樂部》，看到他寫的一篇文章，非常感動。

文章懷念往來於輕津海峽連絡青森與函館間的青函連絡船，當初航空尚不發達，北海道與本州之間的來往全賴渡輪。由本州往北的火車到了青森，車廂進入渡輪的船艙中，渡過海峽到函館再接上北海道的軌道繼續行駛。

這趟旅程，坐船要四個小時才能從函館到本州北端的青森市，要是去東京，加上巴士與火車，一趟得三十個小時。一九八八年青函海底隧道開通後，連絡船隨之停駛，不過它代表一個時代裡的共同記憶。目前函館的碼頭

上仍留下摩周丸，供觀光客回憶。

後半段文章砂糖先生提到自己與連絡船間的感情。

他於大二那年暑假整理行李要回札幌時，一個不認識的，很害羞的女孩找來，她站在男生宿舍大樓外問砂糖先生：能不能跟你同行去北海道？砂糖先生有點不知所措，不過好像唯一的回答就是，好。

原來女孩是大一的學妹，也是北海道人，住在東京的親戚家，暑假要返鄉，可是一個女孩要由火車換巴士再換渡輪，而且萬一天候不佳，渡輪說不定停駛，對一個女孩而言真有點不方便，就這樣找上同鄉的學長，希望能結伴而行。

他們一路上談著學校與認識的同學。終於下了火車上了連絡船，是夜船，沒錢買鋪位，便在甲板透透氣。喔，砂糖先生剛學攝影，打算畢業後當記者，隨身總帶著相機，當學妹倚著船舷欄杆時，說不出什麼原因，砂糖先生拿出相機拍下一張學妹披毛衣害羞低頭的相片。

學妹後來成了砂糖太太，當砂糖先生拿出當年他在連絡船上拍的照片時，他搖頭卻微笑地說：

「那時還是黑白照片。」

我接過照片說：

「多古老以前的事情呀。」

砂糖先生猛地板起臉孔瞪我：

「你知道這是什麼嗎？」

知道，當然知道，愛情經常無聲無息不打預告便闖來，有時，嗯，有時它便停下不走了。

跟著砂糖先生，從函館進入北海道……

砂糖先生在青函連絡船上所拍的學妹，日後的砂糖太太。

極冷之地──旭川　趙薇

　　我認為來到北海道，要到旭川，一定要搭一次從札幌出發的旭山動物園
列車……

函館本線鐵路情報 4
札幌→旭川 旭山動物園號
136 公里
1 小時 37 分

　　旭川，北海道僅次於札幌的第二大城，也是北海道交通要衝：連接青森的函館本線，到達最北城市稚內的宗谷本線，經過網走的石北本線，甚至去看薰衣草的富良野線也是從旭川發車。

　　旭川位在道北的內陸，冬季是出了名的冷。記得那年冬天我從札幌出發時，每個日本人都提醒我：「冷喔！」這裡在氣象史上出現過零下四十一度的最低溫，猛吹雪（暴風雪）時連車站月台軌道也會鋪上一層白地毯。這讓我一開始對旭川的印象並不好，張國立卻因為旭川是日本三大拉麵之一鹽味拉麵的故鄉而興致匆匆。在台灣開了分店的「山頭火」就是發源自旭川。

　　在北海道的鐵道旅程中經過旭川好幾回，看著旭川車站改建到完工、到全面啟用，曾經住過的站前旅館竟然還結束營業了。姑且不說這些轉車經驗，我認為來到北海道，要到旭川，一定要搭一次從札幌出發的旭山動物園列車。

搭旭山動物園列車配棕熊豪華飯糰

　　JR北海道從二〇〇七年起推出旭山動物園列車，因為走可愛路線為吸引小孩，只有在寒暑假和其他月份的週末才運行，每天札幌到旭川早晚往返一趟。

　　掛有五節繪滿動物主題的列車一進站，所有家長小朋友歡聲雷動，除了「卡哇依！卡哇依」這種基本稱讚，「是北極熊！」「是獅子！」「還有企鵝！」像是幼稚園教學的大聲唱名此起彼落，熱鬧得我差點想打退堂鼓。

　　除了外車廂上有動物彩繪，每一節車廂前後設有專屬動物的造型座位，每個人都可

1：這是第一代彩繪旭山動物園號列車，第一節車廂就是鎮園之寶北極熊。其他還有企鵝和猴子等等，二〇一三年七月起推出全新彩繪，第一節車廂由長頸鹿領隊。塗著動物彩繪的列車進站立刻引起騷動，所有的乘客都要拍完照片才肯上車。 2、3：不只車廂外有彩繪動物，每節車廂內還有動物造型的座椅，不只小孩，也讓大人充滿童心。

以去坐一下拍照。從發車開始，幾乎全車乘客都投入拍照的行列，企鵝拍完拍北極熊，還有老虎、獅子也不放過。而在二〇一三年七月，動物園列車全面更新進入第二代彩繪，內裝增加了長頸鹿和斑馬的座椅，改得更可愛了。

　　我有一個朋友沒結婚沒小孩，一天到晚問誰的小孩可以讓她帶去迪士尼樂園。說真的，有多少年輕人的日本初體驗不是東京迪士尼？除了我旁邊的行李員！這卡通車廂好像太為難他了。還好他還有一點點童稚之心，衝著旭山動物園的北極熊和會散步的企鵝願意陪我搭一趟動物園列車。

　　曾經在登別附近的熊樂園見識過關在籠子裡的棕熊，印象是很臭，但是買了所有熊出沒的紀念品。當張國立在長野中山道一人穿越馬籠峠時，沿路立著嚇熊的鈴鐺，看著「熊出沒」的黃色警告牌就已經讓他嚇得腳程加快，原本兩小時的山路他老人家一個多小時就走完了。

　　離題了，可愛的企鵝怎麼能跟可怕的熊相比呢。企鵝是讓我看了會嘴角

1：旭山動物園最有人氣的活動就是企鵝散步，為了取得最佳位置，大部分的遊客進園後先看企鵝散步才會參觀其他的動物。 2、3：旭山動物園的另一大號召就是北極熊，園方在北極熊柵欄內設計了一個透明膠囊蓋，裡面那個頭看出來是誰了嗎？ 4：不用去濕原就能在動物園裡近距離看丹頂鶴，可是我覺得關在柵欄內的丹頂鶴似乎少了魅力，好像只是很普通的一隻大鳥。

上揚的動物第二位，第一名則非熊貓莫屬，尤其是木柵動物園的圓仔。

　　企鵝散步是旭山動物園最吸引人的活動，積雪的日子每天上午和下午各散步一次。旭山動物園內有四種企鵝，最受矚目的當然是個頭大隻胸前帶著黃毛的國王企鵝，在養育員導引下屁股一扭一扭地現身，我真的沒有別的形容詞可用，只能結巴地說：太──太──太──可愛了。不愧我們在零下五度低溫中整整等了半小時，值得了。

　　住在旭山動物園裡的企鵝應該算是幸福的，企鵝館裡有冷暖氣，夏天維持在十五度，冬天五度。而冬季因為活動少，怕牠們脂肪堆積所以想出了散步的點子。夏天室外溫度有時會高到三十四、五度，園方還會送大冰塊給牠們消暑。

　　有冰塊禮物的不只企鵝們，還有北極熊。因為是日本最北的動物園，想當然爾這裡以北方的動物做為號召，像是北極熊還有丹頂鶴。北極熊的園子裡設有透明膠囊蓋，遊客可以把頭伸進去近距離觀察。排在我前面那個小男孩賴在地上一副打死也不進去的驚恐狀，輪到我時一伸頭，竟然和北極熊臉對臉嚇了我一跳。

　　精采的不只這個，有點像在海上看鯨魚，似乎是故意要在人們面前表演。北極熊在特製的水池子裡也是；遊客們隔著大玻璃窗看牠們，牠們就一再地躍入水裡讓大家看個夠。於是在我的嘴角上揚動物排行榜上有了第三名。有了這一南一北兩寶，加上彩繪動物園號列車，這一趟旭山動物園感覺自己年輕了二十歲。

偶像三浦綾子的《冰點》紀念館

　　在旭川停留的目的除了旭山動物園，另外兩個就是：三浦綾子紀念館和拉麵。

　　對台灣讀者來說，以北海道為背景的小說最有名的可能是淺田次郎的

《鐵道員》，或者可以更精確地說是高倉健主演的電影版。可是我對三浦綾子的《冰點》印象更早，記得國中時代發現姊姊躲在被窩裡看了著迷，我也跟著對她有了印象。三浦綾子在日本近代作家中是很特別的女性，二十多歲起即罹病不斷，卻開始了寫作生涯，一生創作

八十多本。《冰點》以一宗謀殺案為起點，講述妻子對出軌丈夫導致女兒意外致死的仇恨，報復在領養的殺人兇手的女兒身上。看似八點檔，卻是三浦反應聖經中不可避免的原罪的深刻探討，在一九六六年發行單行本至今已熱銷超過四百四十萬冊。

　　三浦綾子的故鄉就是旭川，而這部小說（後來也改編成電影）描述的地點就在旭川的外國樹種見本林。這個見本林屬於國有林地，明治時期從歐洲進口落葉松和白松等樹木栽植做為研究之用，現在已經成為六千多棵松樹的林地。進入林子裡頭頂樹木參天，陽光似乎透不進來，腳底踩著落葉，感覺

左：三浦綾子文學紀念館就位在外國樹種示範林入口，館內保存了相關的創作資料，包括她的八十餘本作品，掛了一整面牆，很壯觀。單是冰點一書就有好多種語言的翻譯本，當然也包括中文版。　右：《冰點》書中故事發生地就圍繞著紀念館後面的外國樹種示範林，這裡面積廣大，樹木參天，似乎能體會她把小女孩被兇殺的地點放在這裡的原因。

有點神秘，似乎可以感受小說裡院長三歲愛女在樹林裡被殺的晦暗感。可見作者三浦綾子對這裡的了解和感受很深，都過了五十年，小說場景似乎歷歷在目。

張國立又吐槽了：「腳下明明是深十公分的積雪，不要自編情節。」

這人不會懂的，距離數千公里遠，在幼小心靈裡留下深刻印象的小說舞台如今出現眼前，總有一些什麼感觸的……。

其實，林地位在美瑛川旁的河堤上，松樹和積雪景象美得像畫，又很寧靜，很適合散步。只不過，除了我們，三浦綾子紀念館和見本林裡半個遊客也沒有。

這時換張國立編造劇情了：「天快黑了，再不走不知道找不找得到路出去？」

我想他心裡應該是掛念著旭川拉麵。

細雪、冰雕、層雲峽

上川並不是目的地，只是在這裡轉巴士到層雲峽。

層雲峽，位在大雪山國立公園裡，愛伊努語裡是瀑布多的地方。層雲峽以秋天的紅葉著稱，火紅楓葉佈滿山巔被形容像是燒起來一樣的絢爛。其實到了冬季又呈現出另一種美。大雪山系一片銀白，幾座瀑布凍成冰絲帶一般。當地人利用石狩川結的冰，像雪雕一樣用框架輔助雕出城堡、山洞和冰梯等設施，晚

左：張國立最愛的山頭火拉麵，是屬於旭川鹽味系，可是湯上面一層豬背油儘管能禦寒，我還是不愛。　右：就算我再想喝熱湯，還是不想要天天吃拉麵。山頭火還有另一項名物——叉燒丼，將特製叉燒切碎鋪在飯上，再蓋上滿滿的芽菜淋上醬油，比拉麵還好吃。

1：層雲峽冰瀑季每年一月下旬起舉辦，夜晚點上霓虹五彩燈光，很鬼魅，這天風大吹得雪好像一片流星飄過，超級夢幻。　2、3：北海道一到冬天，以札幌雪祭為首各地都會推出雪祭，有的甚至會配合煙火來製造噱頭，但基本的雪雕、冰雕和滑雪道是基本配備。旭川雪祭仗著地方大和雪多，特別壯觀。最開心的是小朋友，玩雪、玩雪，各種的玩法。　4：車站一片積雪，白色的月台看起來更冷。

上打上燈光製造神祕瑰麗的景象，這就是著名的層雲峽冰瀑祭。

　　層雲峽冰瀑祭在每年的一月到三月間嚴冬之際舉辦。我們到的時候是二月，中午走進層雲峽溫泉街的時候我以為弄錯了，白雪覆蓋街道，街道兩旁商店都沒開，來之前為了訂旅館上網看的地圖裡有十幾家旅館啊？不會吧？時空錯亂？張國立又說了：「還在演啊？」有時候為了掩飾自己訂錯行程或訂錯旅館時我都會先自找台階……

　　後來才知道來的很多團體客都分散在較偏遠的大型溫泉旅館，溫泉街道主要是散客或是登山客。好像是因為天氣不好，登上滑雪場的纜車停駛，所以連滑雪客都沒有。

在大雪中玩粉雪。

　　原本停駛的纜車下午兩點再開，讓我們得以到黑岳五合目站。早就聽聞北海道的雪是所謂的「粉雪」，在山上看到的積雪才知道真的很細，加上天氣乾燥不容易融化，一把抓起來會從指縫中漏掉那樣的滑細！而雪，應該是拿來玩而不是用來看的，愈看會愈冷。其實，不滑雪的人到雪地實在可惜，還好纜車站裡有出借雪鞋，我們在無人的黑岳山麓，在深及小腿的積雪中玩著雪地走路。

　　而某人，臉很臭，一隻鞋掉了還繼續走都沒發現。

便當情報

便當名稱：棕熊豪華飯糰
購買地點：札幌車站

棕熊的豪華飯糰，有多豪華呢？裡面包含有鮭魚、螃蟹和扇貝（這三種都是北海道產量全國第一位的海產）三種口味的三角飯糰，每種都用上各自不同材料的炊飯，所以口感一致。加上日本人便當裡最常見的配菜，有燉的香菇和小芋頭還有一塊煎蛋和醬菜。全都是一口大小，連筷子都不用就很容易品嚐，最適合遠足旅行了。這讓我想起了日本火車便當的起源；明治三年（一八八五年）在宇都宮車站發售的火車便當就是用竹葉包著兩個飯糰的形式，果然，方便好吃還是火車便當的王道。

便當名稱：大雪壽司
購買地點：旭川車站

旭川車站是四條鐵道的交會點，自然鐵路便當集合各家精華，像是代表函館本線的「大雪壽司」就是價錢合理（八百八十日圓）而且有特色的一款壽司。醋飯上分別擺上鮭魚、螃蟹，鰻魚和鮭魚子，甜蝦和煎蛋，一旁還有蛋絲裝飾，另外還附上三個醃蘿蔔細捲和小菜，顏色搭配和口味都吸引人。如果依序吃的話，很有在日本料理店師傅當場一個一個捏出來的握壽司一樣的享受。

一直到網走——慢速流冰號

　　經在旅遊書上看過：「破冰船行駛在鄂霍次克海上，發出吱——吱——嘎——嘎——劃過流冰的聲音，在廣闊沉靜的大海上更顯寂寥，甚至有些令人恐懼。」我也看過有人描寫：「鄂霍次克的海水就像一片藍色絲絨，而流冰就像軟呼呼的棉花飄浮在海上。」可是，真正出海卻不是這麼回事……

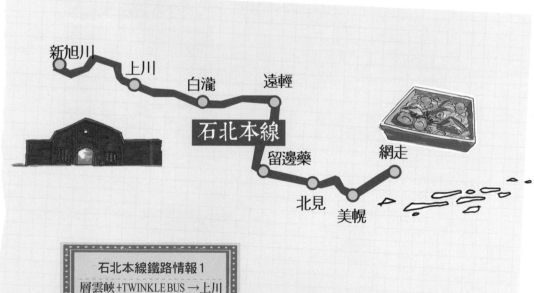

搭鄂霍次克風號列車吃牛排便當

　　對於北海道，日本人直接聯想到大雪覆蓋的北國，或是農產豐富的大地。對台灣遊客來說有的人印象深刻的是薰衣草，也有的人則是想到雪祭。對於所謂的「道產子」，也就是土生土長的北海道人來說呢？哈哈！廢話，不就是故鄉嗎？可是，很多人反而對於自己的所在地更不熟悉。有一位日本朋友，年過六十，突然在某一年的冬天聽到氣象報告說流冰初到，他二話不說搭了夜車，花了七小時車程從札幌來到網走，如願看到了流冰，是他這輩子的第一次。

　　當他在說這個故事的時候其他人都很羨慕，六位北海道人當中有四人

行駛在雪白大地上的鄂霍次克風號特快車，流冰季節限定。名字叫北方彩虹，但只有五節車廂，所以只有五種顏色。

北方彩虹號車廂是高台式，以度假為設計概念，所以除了左右側，連頭頂都是透明玻璃，方便欣賞風景。

還沒看過流冰。除了有沒有時間的藉口之外，流冰並不是想看就有的，如其名，它是流動的。一位台灣朋友某年冬天在北海道開車旅行，為了看流冰他在網走附近晃了三天，流冰不來就是不來。

結束了層雲峽的冰瀑季，繼續搭乘鄂霍次克風號往網走追流冰去。

鄂霍次克風號是一種新型快速列車，除了強調速度快，內裝也比較舒適。因為主打度假風，除了在車頂裝了透明玻璃，座位也設計在高層，有點像歐洲的兩層火車。第一次搭這種火車倒也覺得很新鮮，但是比較起來，妹妹去秘魯旅行時，沿著安地斯山脈往馬丘比丘的那種大窗戶高山火車好像更吸引人。

據說那安地斯山火車也附有餐車，但是這種時候，日本的火車便當又顯得比較親民。隔壁座小情侶買了兩個便當回來，原來第三節餐車上有販賣部，賣的還是限定的牛排便當，這個高檔的牛排便當是採用了生田原高原的和牛製作的。張國立常說我對吃有超乎想像的堅持，看到別人有的我也一定要試試，更何況是牛肉。

揭開極光號破冰船的面紗

　　提起網走（Abashiri），不外乎高倉健主演電影的《網走番外地》或是
志賀直哉的短篇《一直到網走》，都是描述一個遙遠荒涼的化外之地。第一
次到網走時已經去過網走監獄體會了網走的偏遠。而接下來目標是流冰，儘
管期待非看到不可，但還需要一點運氣。破冰船一天有四、五趟，為安全起
見我還特別在站前旅館訂了一晚住宿。人算不如天算，到飯店 check-in 時
聽到有遊客請櫃台確認流冰情報，結果那天是「大冰」（意思是流冰很多），
二話不說趕緊將第二天上午的預約改成當天下午的，我到現在還很清楚記得
那種興奮。

　　鄂霍次克海是除了南北極之外可以觀賞流冰緯度最低的地方。主要是因
為俄羅斯境內的烏魯穆河（也就是黑龍江）流出來的大量河水沖淡鄂霍次克
沿岸海水的鹽度，在每年大概十二月天氣變冷時，海水表面開始結一層薄薄
的冰，而後隨著潮流南下，在海面上冰塊和冰塊互相結合而不斷成長，最後
在北海道北部網走附近碰岸。這其中依寒冷度和潮流的速度不同而影響流冰

北海道氣象單位每年都有流冰前線，觀測流冰接岸的日期和規模。我們運氣好碰到大冰，可是也因為
如此，破冰船擔心危險，並沒有出港太遠，景觀反而較遜。觀光破冰船極光號在每年的二月到四月間
運行，一日有四到五班。

抵達的時間和多寡。大概每年的一月中左右會有初冰到達，一直持續到三月底。因為是隨著潮水一波波碰岸，所以量大的時候停留的時間久，否則可能一天就沖走了。

　　曾經在旅遊書上看過：「破冰船行駛在鄂霍次克海上，發出吱──吱──嘎──嘎──劃過流冰的聲音，在廣闊沉靜的大海上更顯寂寥，甚至有些令人恐懼。」我也看過有人描寫：「鄂霍次克的海水就像一片藍色絲絨，而流冰就像軟呼呼的棉花飄浮在海上。」

　　可是，真正出海卻不是這麼回事。船上擠了兩、三百人，又幾乎所有人都擠到甲板上還貼著欄杆佔好位子，當時溫度記得是零下十度，雖稱不上最低溫但已經是我這等台灣人遇過最冷的時刻，耳朵已凍僵，戴著口罩仍擋不住鼻水外流，要不是周圍已經沒有空間，我真想一直跳來取暖。

　　又稱「極光號」的破冰船剛出港口就已經可以看到散碎的流冰，不過，並沒有我想像中那麼神秘：首先，可能是下午的船班，接近黃昏光線不佳，鄂霍次克海沒有絲絨般的藍而是灰色。再則，流冰也已經碎裂不堪，沒有旅遊書上形容船首壓破大塊流冰，也沒有撞到流冰的聲音，好像這船本來人家就叫碎冰船，我把它翻譯成破冰船，期望太高了。

　　不只如此，原訂一個小時的航程，船公司的宣傳寫說會到外海，結果破冰船出港不到二十分鐘就開始調頭，港口的燈塔還沒離開我的視線，還沒看到廣闊大海的精采畫面呢！我心裡暗罵：史上最大騙局！

石北本線鐵路情報2

NOROKO 慢速流冰號

網走→知床斜里

37 公里　40 分

　　回到飯店據櫃檯人員說，這波流冰真的很多，可能就是因為太多，破冰船不用離港太遠就能看到，也是因為流冰太多可能比較危險所以沒有到外海去。我一直盯著船票上的照片；遠處有冰山，破冰船被大塊流冰團團包圍的一片雪白景象啊！

1：小火車沿著鄂霍次克海沿岸行走，看得出來前面是海嗎？海天地同一色。　2：Noroko 號小火車以不同季節不同身分行走於釧路濕原、富良野和網走之間，嚴寒冬季時車內的不倒翁火爐就派上用場，可以烤魷魚烤麻糬。　3：張國立平常哇哇叫說我不給他酒喝，在火車上買了一瓶流冰啤酒給他，他還說大白天喝什麼酒？你不是愛喝嗎？你喝啊？　4：流冰小火車從網走到斜里，很多人趕著往釧路去。我們則為了等隔天出發的 SL 蒸汽火車所以在斜里住一晚，斜里港內全都結冰，比流冰的感覺還要空靈，雪上行舟？

1：接近黃昏時分的美麗流冰。 2：小站北濱站內，被絡繹不絕的旅客貼滿了名片。 3：爭相拍攝流冰照片的旅客們。

還是堅持：騙局。

張國立問：「妳到底在期待什麼？妳以為搭上南極探測船嗎？」

《非誠勿擾》北濱車站的寂寞

雖說觀賞流冰最棒的方式是搭著碎冰船海上巡禮，但是沒能滿足我。於是再接再厲，從網走搭上了也是只有在流冰季節才運行的 Noroko 號慢速流冰小火車。

真是佩服日本人為了觀光所付出的努力；夏天的時候 Noroko 號是薰衣草觀光火車，秋天則有跨越濕原觀賞車……而流冰號應該是驚呼聲最多，最受歡迎，也讓我覺得最值得的一趟。

慢速流冰號行駛在網走和知床斜里之間，搭乘時間只有四十分鐘，因為沿著鄂霍次克海岸邊行駛，雖然距離海上仍遠，但如果運氣好，沿途都能看見流冰。我甚至還看到有人大膽地站在結冰的海上拍照，可以想見那一片雪白。

慢速流冰號會在「北濱站」（Kitahama）停留，這個車站因為最靠近鄂霍次克海而出名。也吸引了很多影視採景，由葛優主演的大陸電影《非誠勿擾》更是從這裡展開了北海道之旅，吸引更多看過電影的亞洲人瘋狂追逐。

北濱車站現在是個無人站，將近百年的古老木造車站成為遊客必拍的景點。空蕩蕩的站內原本什麼都沒有，許多遊客到此一遊，留下了簽名，還有從牆壁到天花板全都覆蓋滿滿的名片，而這些，又成為後來的遊客留在相機裡的紀錄。

慢速小火車在北濱停車的目的

並不是車站，而是在月台上有個木造觀景台，這裡是觀賞流冰的最佳景點。因為只停留短短的七分鐘，想要拍照的人更要抓緊時間，於是我和張國立分工，他先拍高處流冰和火車的身影，我則負責拍木造車站，最後一分鐘在觀景台上集合自拍，然後在列車長的廣播催促聲中回到車上。

北濱站改為無人站之後，有私人承包了車站站舍開了名叫「停車場」的咖啡館，據說咖哩飯很有名。只可惜我不論是秋天那次抑或隔年冬天兩次經過都沒營業，可以想見即使是觀光咖啡館也怕極地寒冷吧！

旅行的天氣絕對影響對當地的印象。記得第一次去威尼斯旅行時是二月份，雖然沒下雪卻被冷風吹得頭痛。而有一次在巴黎，明明才十月，秋風揚起的風沙吹得我眼睛都睜不開，兩次的旅行都留下了不好的回憶。而在北海道，早預期到了零下的低溫，甚至還吐槽說怎麼沒有想像的冷？

果然，話不能說太早。我在北海道的最東端見識到什麼是「鼻毛都結冰的冷」。

左：讓人感到孤寂的北濱站。　右：趙薇在北濱車站外。

便當情報

便當名稱：高原和牛排便當
購買地點：鄂霍次克風號

聽起來就很炫，在明亮挑高的座位上
吃這麼高級的便當理應是超級滿足。
不過感覺很普通。

便當名稱：鮭魚子便當
購買地點：網走車站

旭川車站是四條鐵道的交會點，自然從
網走再出發時，買了一個超豪華的鮭魚
子便當。所有的資料都說鮭魚子是網走
便當的首選，我還挑了裡面有海膽的雙
色便當。因為一路上又是小火車又是流
冰的，只顧著拍照根本沒時間吃。抵達
斜里站前旅館，發現附近沒有餐廳，正
好我們有便當。便當裡的海膽已經有點
融化，還好這種散壽司的海鮮料都很配飯，就著準備的熱茶和熱咖啡，加上
在便利商店買的紅豆麵包和薯條當點心，又是貧窮貴族的一餐。

便當名稱：帆立便當
購買地點：網走車站

這也是網走的名物，就是我們稱的扇
貝。我對貝類原本就很不上手（不得
意）。啊？兩個字都是日文？反正就是不
很喜歡，為了換換口味才勉強一吃。沒
有想到扇貝雖然小小顆，但是一個便當
裡裝了十多個，每個滷得都很入味，知
道日本滷菜味道的人都能意會，甜甜鹹鹹的。搭配著味道稍重的滷香菇絲和
較清淡的煎蛋絲，兩個字形容：下飯。在幾次日本旅行的訓練下，張國立給
我取了個外號叫「お代わり」，意思是再來一碗。

「終身刑」男在網走嚐「監獄食」張國立

　　面對海洋和曠野，感受到的是「大」，大固然和面積有關，無人也造成相對的效果。這條路線上幾乎見不到人煙，躲進北濱車站內避開刺骨的海風，有點離群索居的孤獨與恐慌……

列車沿著鄂霍次克海滑進北濱站。

　　對北海道最早的印象不是函館不是札幌，是網走。拜大學時指定課外讀
物之賜，我得讀十多本日文小說，其中之一便是二十世紀初志賀直哉寫的短
篇《網走まで》（往網走）。

　　小說內容和網走沒有太大關係，講的是主角搭午後四點往青森的火車，
留意到一位抱著嬰兒，身後跟著個小男孩的母親，估計這位母親才二十六歲
左右，已有若干白髮，一路上頭大氣色差的男孩不停煩媽媽。他們要去網
走，估計全程得花五天。故事便寫主角眼中的母子三人，可憐的年輕媽媽帶
著孩子似乎將人生的唯一希望寄託在遙遠的網走。

　　網走當時等於是日本人心中的世界盡頭，除了風雪，還有一間關重刑犯
的網走刑務所，沒人能逃出那裡，因為即使逃出，面對的也是冰封與死亡的
北海道荒原。小說讓讀者體會母親帶著兩個孩子到網走，是去會關在獄中的
丈夫嗎？體會這位媽媽的辛勞，體會一人的錯誤帶給家人的沉重負擔？

　　日本人認為網走是世界的盡頭，在原住民愛伊努語裡卻相反，網走
（Abashiri）指的卻是入口的地方，也就是來自北方的魚、鷗、冰、海狗都
從網走進來。

　　網走恰是石北本線與釧網本線的終點，我們都已經到知床半島了，不去
網走有點說不過去；到了網走，不去監獄更沒道理。但是，事情有點麻煩，
才下巴士，明明是刑務所，怎麼沒見到傳說陰森可怕的百年監獄呢？問路
人，他們指著右手邊，一長排現代樓房和草地，那就是惡鬼也逃不出去的網
走監獄？

　　喔，搞半天，網走目前仍有個「營業中」的監獄叫網走刑務所，我們要
去的那個則是「博物館網走監獄」。

　　走進紅磚砌成的圍牆，最吸引目光的便是五寸釘寅吉的模型，他是十九
世紀末日本階級制度裡的「穢多」賤民，十四歲時替叔父報仇犯下殺人罪被
處終身囚禁。他先被關在三重縣的監獄，連續越獄兩次，被捕後送進秋田縣

1：網走刑務所外。　2：網走刑務所百年木造建築仍維持得很好。　3：風景優美的網走監獄圖書館。

的監牢，他又逃出去。之後再從靜岡、東京、北海道的樺戶、九州的熊本各監所逃走，成了日本史上最著名的越獄犯。有一次他被警方追捕，不慎腳踩到冒出釘子的木板，他踩著釘子繼續跑了三公里，贏得「五寸釘」綽號。天字第一號逃犯最後被送進網走監獄，終於停在那裡。

　　寅吉為何如此會逃獄？根據後人的猜測，他的人緣好，到哪裡獄友都願意幫忙，再說他毅力驚人，總能找到監所的漏洞。至於他到了網走不再逃，那時已七十一歲，還被列為模範囚犯，實在逃累了吧！

　　也因為他，日本政府修法取消對「被差別部落民」的歧視，從此不再有賤民。

　　一百多年的老建築如今仍維護得很好，一車車的小朋友在老師引領下接受校外教學，他們因此得到不可犯法的教訓吧！

站在兩側都是牢房的長廊中間，陽光從盡頭處的玻璃瀉下，想像寅吉對自由的嚮往。

如今監獄也提供「監獄食」，小菜、白飯、湯和一條魚，七百日圓的 A 餐是鯖魚，八百日圓的 B 餐則是花魚。我覺得什麼都可以體驗，唯獨「牢飯」不必湊熱鬧。倒是買了件黑色 T 恤，背後三個大字：終身刑。直到今天，只要趙薇開始唸緊箍咒，什麼菸味又跑進屋了啦、怎麼酒又少了一瓶啦、為什麼你的枕頭那麼臭啦，我就穿起來，結婚就是，終身刑。

網走有趣的除了監獄外，我提議，坐火車去海邊看著冰洋喝咖啡。

由網走往東到知床斜里是釧網本線的一段，沿著鄂霍次克海岸，幾乎都是無人的小車站，我和趙薇在北濱站下車，這裡是日本最接近海的車站，一個人也沒，當年馮小剛拍《非誠勿擾》選擇這裡為拍攝場景，一下子成了觀光熱門地點，站內的牆壁到天花板全貼滿遊客留下的名片，甚至有間房還開闢為咖啡館，可惜冬天暫停營業。

下一站原生花園也沒人，周圍是處野花的生長區域，連車站也修得頗有歐式風情。

面對海洋和曠野，感受到的是「大」，大固然和面積有關，無人也造成相對的效果。這條路線上幾乎見不到人煙，躲進北濱車站內避開刺骨的海風，有點離群索居的孤獨與恐慌。

風、雪、流冰、監獄、鄂霍次克海、零下十二度，趙薇問，咖啡呢？台灣來的「終身刑」男，在天涯。

台灣來的「終身刑」男。

到達國土最東端──根室本線

理想的流冰竟然意外地在根室的納沙布岬看到。

根室（Nemuro），位在遙遠的北海道東端的根室半島上，距離札幌五百多公里，離道東最大城市釧路也有一百多公里，除了洽商或返鄉，誰沒事跑去？但就是有很多人為了一睹日本國土最東端，不辭千里。

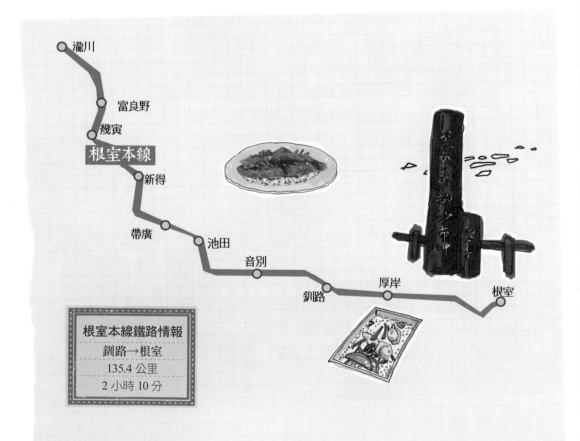

瀧川

富良野

幾寅

根室本線

新得

帶廣

池田

音別

釧路

厚岸

根室

根室本線鐵路情報
釧路→根室
135.4公里
2小時10分

　　根室本線從瀧川起全長四百多公里，但是一般快車只到釧路，從釧路開始到根室這一段是單節柴油車廂的慢車，緩緩地開進根室半島。鐵道迷都知道，想要看太平洋海景的就要選右邊座位，因為從釧路出發的左邊沿途只是沒有人煙的原野，有濕原，有森林，有牧場，完全符合外地人形容：「到隔壁鄰家不知道要走少公里」的世界。

　　這一段路線還有個暱稱叫「花咲線」（Hanasakisen），因為根室半島是北海道著名的花咲蟹大漁場。

　　北海道右邊有兩個突出的半島，上面是知床，下方就是根室半島。從地圖上看，兩個半島位置差不多，但是，位在根室半島最尖端的納沙布岬東經 145 度 49 分，硬是比知床岬突出 30 分左右，就成為了日本國土的最東端。也因此，和我們台東的太麻里一樣，納沙布岬是全日本最早看到日出的地方，每年的元旦有很多人從四面八方前來朝拜。

　　在根室觀光網站上介紹；六月的時候，納沙布岬的日出時間是凌晨三點半，比起日本南端的沖繩要早兩個小時。八月時，納沙布岬最低溫十六度，平均溫度也只有二十度，是日本夏季最低溫的地方。但是，沒有特別提到冬季的情報，好像希望藉此招徠更多的觀光客在夏季時分到訪。

　　他們還說：夏季搭乘花咲線會看到鐵道兩旁 開滿美麗花朵。可是我到訪的是冬季，除了積雪，什麼也沒有。

　　他們也說：根室半島是一片青翠的牧草地，西和田站附近有很多牛隻吃草的悠閒畫面，而草原深處延展開來的是壯觀的太平洋，海水藍得讓人眼睛睜不開。可這也是形容夏季，冬季別說是青草地，我搭的是晚間列車，外頭黑乎乎的什麼也看不到。

　　而且，到根室站時，大雪，超大雪。

1：住宿的格蘭特大飯店號稱頂樓可以望見太平洋和知床半島，但是大雪蒙蔽了一切，什麼也看不見。　2：到了根室時已經晚上了，又下著大雪，還好先在釧路和商市場買了生魚片便當當晚餐，否則會發生根室命案。　3：在根室到處可見「歸還北方四島」的標語。　4：為什麼強調有人呢？因為其實前一站東根室在地理位置上才是最東，但是東根室是無人站，所以根室站只好強調自己是有人的最東站。

大雪中恐怖寂靜的納紗布岬

二月，是北海道最冷的月份，但是這天還好，二度，不是零下。要往納沙布岬時，雪還在下。這次旅程一路上只有積雪還沒見著大雪，心情反而興奮起來。根室巴士站推出到納沙布岬車票四張優惠八五折，我好奇，難道是鼓勵居民搭乘嗎？因為根本沒有觀光客。不論如何，剛好兩人來回，賺到十五趴。

根室巴士的班次稀少本來就很不方便，即使鼓勵搭乘車上也只有四個乘客，一個高中生模樣的學生，一個歐吉桑。不由得讓我猜起學生是因為早上肚子痛嗎？還是睡晚了？要不然十點半了才上學？歐吉桑是本地人嗎？穿著一雙厚實橡膠雨鞋，卻什麼都沒帶的是要去哪兒呢？

還帶著起床氣的張國立覺得我無聊：「趙爾摩斯妳又開始推理啦？」

那天的雪很大，風也很大，拿著傘幾乎走不動，才知道歐吉桑為何沒帶雨具。納沙布岬籠罩在一片白色中，完全是一副邊陲景象。峭壁上豎立著明治五年點燈，北海道最北的根室燈塔，白色外牆的燈塔在大雪中幾乎看不見。

走到岸邊，意外看到壯觀的流冰。

通常，海天一色形容的是藍，但是眼前的鄂霍次克海在大雪中是灰色的。天空是灰色，海水也是灰的，只有飄在海上的浮冰是白的。流冰，覆蓋在海面上一望無際。遠處的靜止不動，靠近岸邊的被海流一波波打在礁岩上，發出「啪噠──啪噠──」的碰撞聲。

這，一點都不像海。

曾經在法隆寺也經驗過大雪，那雪是整塊整塊地落下來，掉在積雪上發出「遮──遮──遮──」的聲音，那時讓我了解到什麼是寧靜的境界。而納沙布岬的雪是輕飄飄的，被強風吹得斜斜地落下，雪落下沒有聲音，只有

納沙布岬是日本國土最東端，也是日本最早能看到日出的地方。

噗噗噗的風聲讓人害怕。用錄影功能拍下了一段影片，就像以前我們形容影片脫磁時都說畫面有雪花，真是那麼回事的感覺。

納沙布岬，其實被北方的鄂霍次克海和東方的太平洋包夾，平時看不出兩道海水的界線，而在這大雪的季節，就明顯地看出鄂霍次克海的流冰飄在左手邊，和右邊流動的太平洋海水形成兩股勢力互相較勁，中間一道強勁的漩渦是海流嗎？上面吸引著好多的海鷗，讓人好奇這樣的季節，這樣的寒冷，那海水下面有什麼魚呢？

大雪，流冰和低溫，合起來的形容詞應該是：孤寂。沒有觀光客大小聲的驚呼，也沒有人為了拍照片到處搶好位子。站在岬角，一整個「千里冰封，萬里雪飄」的意境。難怪日本人喜歡藉大雪抒情，感性的寫歌，許多演歌裡都是白雪世界，唱出孤寂，唱出相思。而神經質一點的就寫推理或驚悚：猛吹雪殺人事件，女子雪地失蹤隔年才被發現……要不是這番大雪，文人哪裡找來靈感？

真冷！我想起北國人常形容：「凍得鼻毛都要結冰了。」他們真的這樣說，在這海邊吹著這冷風。才正要感謝張國立有默契地讓我享有一時刻的寧靜，他拿下口罩說：「走了吧？我快凍死了！」

上：祈求北方領土能早日歸還的四島連接橋雕塑。
下：和平塔高九十七公尺，天氣好的時候從頂樓展
望台能看見北方領土。

　　我說啊，天氣對於旅程的影響這
種事情，其實和心情有關。

　　納沙布岬冷清清沒半個人影，食
堂和土產店全都沒開。天氣不佳海上
北方四島也看不見，懶得連和平塔都
沒上去。在北方資料館參觀兼避寒時
遇到來時巴士上的歐吉桑，原來他也
要搭同班巴士回根室。回程聽到司機
和歐吉桑的對話；納沙布已經三年沒
有流冰靠岸，今年的流冰是四天前才

1：納沙布岬的二月常見流冰靠岸，大雪時連白色牆壁的燈塔也看不見。 2：這不是流冰沒靠岸，而是被鄂霍次克海和太平洋明顯的分界線。 3：根室市街上有很多這樣的洋式建築，這家竟然是東京也有的卡拉 OK 連鎖店。 4：Dorian 喫茶店外觀頗具洋風。

5：Dorian 內部裝潢走復古風，吧檯設計好似時光還停留在昭和時代。　6：昭和時代流傳至今的炸薄豬排奶油飯。　7：這也是昭和名食「東洋風飯」，咖哩炒飯上放了燉煮的牛肉。　8：以明治公園內的紅瓦儲草塔為發想，這是根室一爐庵出產的特色甜點。

來的（算算正是我在網走搭破冰船那時），有四、五十公里那麼遠，規模之大數年少見。司機還說：出生到現在，二月份從來沒有高於零度，都是冰點以下，這天竟然是正二度……云云，兩人從天氣聊到北方四島還提到自民黨，一路上沒有半個人上車。

　　倒是歐吉桑在途中下車，聽說是往根室湖去了，在大雪中？不可思議的旅人。

　　臨時決定到根室，目的之一是想將旅行的版圖延伸到最東端，之二是可以在這條線上吃到厚岸產的牡蠣便當。但因為出發時間太晚，釧路車站的販賣部已經收攤，損失了便當卻賺到此生難忘的流冰算是值得了。雖然根室的花蟹是出了名的，但有人對帶殼的海鮮過敏，所以放棄港邊的海鮮市場到市中心覓食，意外在根室街上的喫茶店（日本早期對販賣輕食飲料店的稱呼）吃到了著名的炸豬排飯。

美食情報

●どりあん Dorian
住址：北海道根室市常磐町 2-9
營業時間：8:00 ～ 21:00

http://www.nemuro-kankou.com/
tabedokoro/tabe07dorian.html

●一炉庵
住址：北海道根室市光和町 1-1 車站前
營業時間：8:30 ～ 19:00

很難想像，這個小鎮在昭和三十二年（我都還沒出生呢）就已經開了第一家法式餐廳，那是差不多一九六〇年代左右。幾年後有位從函館附近來的主廚帶進了エスカロップ（escalop），據說是一種義大利式料理，把去骨的魚或肉薄片炸過，放在奶油飯上再淋上熬煮多日的醬汁。說穿了，應該就是日本明治初期流行的洋食，可是在那個剛剛開始洋化的根室造成大流行，一直到現在。

想起在網走的時候，民宿老闆娘要我入睡前關掉煤油爐以免危險，我說半夜會冷吧？她說睡前要去泡澡，把身體泡得暖呼呼的鑽進被窩裡到天亮都不會冷了。這是住在北國的人長期以來的生活智慧。我想，用在炸豬排飯上面應該也是相同原理，吃得肚子暖呼呼就不怕天寒地凍，可以繼續旅程了。

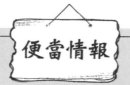

便當名稱：牡蠣便當
購買地點：厚岸車站

花咲線途中有個叫厚岸的地方，厚岸在愛伊努語裡就是盛產牡蠣的地方，當地人就將牡蠣用甜醬油熬煮過當作便當主菜，愈嚼愈香。我更喜歡的是加了羊栖菜和醬汁一起煮的炊飯。非常入味。

重回富良野──沒有薰衣草的旅程

　　有許多日本人退休或移居喜歡去沖繩，一副每天曬太陽無所事事就是幸福。但是富良野不同，北國的土地和氣候都要重新適應，比起早期移民帶點無奈的出發點不同，新移民多半選擇和大家分享的模式，像是開餐廳或開民宿，都是為一圓自己的夢想……

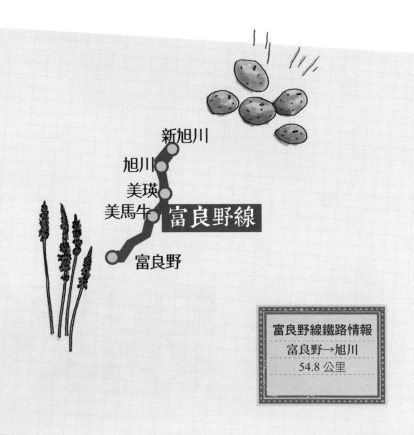

新旭川
旭川
美瑛
美馬牛　富良野線
富良野

富良野線鐵路情報
富良野→旭川
54.8 公里

　　有朋友問我，去北海道旅行什麼季節最好？我會推薦冬天雪季，相對於
日本人覺得下雪很麻煩，但是一片雪白的大自然風景對住在亞熱帶的我們來
說應該是興奮多一些吧。有一個例外，那就是位在道央的富良野地區，除了
滑雪，這裡最好是夏天來；夏天，馬鈴薯花開，麥穗轉金黃，加上散落在田
野間一座座各種花卉盛開的農場，讓人心曠神怡。

　　記得多年前和女性朋友跟著旅遊書搭乘 NOROKO 小火車開進薰衣草盛開
的富田農場，跟著 TWINKLE BUS（閃亮巴士）遊走在那些拍過廣告的名樹之
間，住在出門除了一片麥田什麼都沒有的美瑛民宿。回來後很得意地炫耀，
我去過富良野，我還有吃到薰衣草口味的霜淇淋喔！那時是在盛夏的七月
中，一切是那麼美好。

　　可是當張國立提說順路去一下富良野吧！

　　「我去過了。」

　　「妳去過我沒去過啊？」

　　「那裡很大，要訂哪個民宿很麻煩耶！」

　　「妳現在不是會日文了嗎？想想看十年前我幫妳打了十幾通國際電話找
旅館？」

　　到富良野自助遊，比較麻煩的要解決兩大問題：交通、住宿。這不是廢
話，說起面積，富良野不是多大，而是南北
距離，景觀分散。北邊的美瑛町有漂亮的丘，
著名的樹，展望台還有美馬牛小學校都在這
一帶，上次還去了中富良野的富田農場和花
田。我暗自計畫這次要玩南邊富良野附近。
可是，可能是冥冥之中吧？一直拖拖拉拉沒
有預訂到麓鄉的觀光巴士，一到富良野車站
看到一堆觀光客我就知道：完了。

原本被稱為拼布之路的丘陵因為還
不到季節，應該盛開的花圃也都還是
一片土黃，農人們才在忙著播種呢。

1：從小火車上看到富田農場的拼布之路，也就是不同農作或是花卉一畦畦連接起來，像外國拼布工藝一樣美麗。　2：麥子已經長得差不多，大概再過一個月就會轉成金黃色，也就是每年七月中到八月拍照起來最漂亮。　3：富田農場的薰衣草田七月時分一片紺紫色，背後的落葉松和藍天充當最漂亮的背景。

「沒有搭到那輛巴士會怎樣？」

「那就不能參觀《來自北國》的拍攝場景了。」

「那個讓妳每看必哭的日劇？不去會怎樣？」

不是會怎樣，富良野就是這麼一個鄉下地方，要嘛，就是在農場裡晃一下午，不然嘛，就跟著觀光巴士一個個景點到此一遊快速參觀。這條《來自北國》的路線一是我沒去過，再則，它其實就是一部富良野移民史。

《來自北國》講一個婚姻不得意的男人，決定帶著兩個孩子去北海道開創新生活，從自己伐木造屋，接管引水，全部生活自給自足的故事。故事感人的地方是父親一肩挑起生活重擔，小孩雖然得到父親的愛，卻憤恨為什麼得孤單地在冰天雪地生活和父親起了爭執。撇開故事情節不說，那在富良野麓鄉實際拍攝的場景真是教人吃驚，冬季的大風雪，覆蓋了農田和道路，這種雪地生活一年要過六個月。

「又開始講劇情了。」張國立一副早知道不問的表情。

一齣連續劇從一九八一年起播了兩年，後來原班人馬又拍了八部特別版，陸陸續續總共播了二十一年才完結篇。因為這部劇讓日本人更了解北海道，不再只認為那是一個一年有半年下雪的鬼地方。（真的，在明治之前，日本人認為北海道是只有熊和流放犯人住的地方，而以狩獵為生的原住民愛伊努族人則被視為吃肉的野人。）我想搭前往麓鄉的觀光巴士主要原因是那條路線集中了南部的景觀區，除了《來自北國》劇裡撿來的房子，順路參觀起司工房，還可以去另一部連續劇《溫柔時光》劇中的咖啡館喝杯咖啡。可是，當天只有這一班巴士，計畫泡湯，只好搭上薰衣草小火車經富田農場到美瑛，再利用循環美瑛景點為主的閃亮巴士參觀那些曾經拍過廣告的樹。

真的是舊地「重」遊！

在第一本遊記《兩個人的日本》裡我曾經抱怨過，閃亮巴士好多景點都是從車窗看，十年過去了還是一樣。像我們搭著火車來，只能參加巴士玩景

NOROKO 號小火車每年六月中到十月行駛於旭川到富良野之間，夏季期間還會停靠臨時站，可以步行到富田農場。

點，在車上看到尖頂歐風的美馬牛小學校，距離起碼有幾公里遠，實在不滿足。但是開車也有開車的問題。導遊小姐一邊解說一邊對巴士閃過突然停在路邊的小轎車喊著：「危ない！」（危險），丘陵上的產業道路並不寬，遊客們臨停照相的情形嚴重，交通狀況讓人捏冷汗。

張國立說：「在稚內人車稀少的馬路上開左邊也就罷了，在這裡，饒了我吧！」

說得也是，想想自己為了拍一張曾經出現在 SEVEN STAR 香菸包裝盒上的那棵樹，怎麼也避不了來來往往的人頭、車影，如果大家都開車來，我看連樹都看不到了。這讓我想起台東池上那棵因為金城武拍攝廣告坐下來喝杯茶的茄冬樹，因為來參觀的遊客太多，影響在地農夫的工作，再加上有些人

沒有公德心，留下一堆垃圾，還把菸蒂丟到水田裡，當地農夫氣得想把樹砍了以恢復平靜。類似情況也發生在富良野，遊客為了取得好角度，闖入花圃裡拍照，逼得富良野觀光網站上還貼出告示，希望遊客不要再這麼做了。聽說，是台灣遊客。

張國立建議：「租腳踏車好了。」（他也想扮成金城武？）

我想起朋友的鄭重警告，會累死人。可是我也快要無聊死了，想不了那麼多，就在站前一家商店租了一個小時。沒想到才出發沒有五分鐘，就開始上坡，騎不動了下來推車，一個回頭，張國立不見了，我又騎回頭去找人，發現他停在半路說休息一下，我怕他氣喘發作，想回頭，他要我先走隨後再跟上，我好不容易半推半騎地來到 KEN ＆ MARY 之木拍了照片，趕快回程還車。

後來才想起租車的時候老闆一再問我們要不要租電動車的表情。

提起北海道，有人聯想到富良野（Furano）。提起富良野，就會聯想到薰衣草。提起薰衣草，去過的人都知道富田農場。以前我還笑說只有一個農場一塊薰衣草田可以吸引百萬觀光客實在太奸詐。沒想到其實這是富良野地區的一段坎坷歷史；富田農場從一九五八年起率先種植薰衣草取精油外銷歐洲，一度帶動地方產業，最盛時期種植薰衣草的農家多達兩百多戶，哪知有天市場衰退，銷不出去了，農家紛紛轉種其他作物，只有富田農場以觀光農園方式繼續撐下來，有一年，登上了舊國鐵（JR 前身）的月曆一舉成名。

富田農場的主人富田德馬據說

小火車內部以純木造設計，走樸實風格，沒有玻璃車窗的設計可以讓遊客更清楚地看見富良野盆地的風光。

是從本州日本海沿岸的富山縣來開拓的，如果說他是今日富良野觀光的先驅也不為過。現在富良野以花為另類農作發展觀光，栽種薰衣草的農場早就不只一家了，一年觀光客達一百二十萬人次，成為北海道觀光的支柱。

不過，說這些都沒用，我和張國立到的季節是六月下旬，因為這年日本冬天太冷，到五月還在下雪，農作物除了小麥都還沒播種，花卉更是，這種氣溫會被凍死。黃土地一片光禿禿的，時序已經立夏，可是在這裡還看不到萬物復甦的景象。

其實，比起薰衣草，我更期待的是馬鈴薯花。眾所皆知北海道的馬鈴薯有名。我最喜歡男爵（Danshaku）馬鈴薯，個頭小小圓圓，又香又鬆軟，加

這棵 KEN & MARY 之樹出現在一九七三年的日產汽車廣告中後就一舉成名，在觀光巴士上看不過癮，後來騎著腳踏車一定要親眼看見，差點累死在山坡上。別看這張照片裡的樹這麼美，其實這棵樹的周圍可是什麼都沒有，只有放眼無際的草原。

1：這種花是北海道常見的花種叫ハマナス，有人翻譯成浜茄子，多長在海邊砂地，位在內陸的富良野農場六月初只有這花率先滿開。2、3：炸可樂餅是農場必賣的名產，鬆軟香甜，不吃會後悔。蒸得熱呼呼的男爵馬鈴薯加一塊奶油也推薦。 4：西中站的木造月台和站舍很可愛，可是這裡是無人站，連公共電話都沒有，我只好搭到下一站中富良野打電話請民宿來接。

民宿一樓餐廳平常對外營業，住宿的客人安排到旁邊餐廳吃成吉思汗烤肉，我覺得換換口味也不錯。

上一小塊奶油融化，哇！太幸福了。而另一種叫做五月皇后（May Queen）的則是長長的體積較大，當地人跟我說男爵適合直接蒸或烤當點心來吃，五月皇后則適合拿來燉煮做菜。對了，花，據說夏天馬鈴薯田開著一整片小白花（也有說是紫色）非常美麗。也不知是太早還是太晚，反正什麼都沒有。

張國立又說了：「誰告訴妳這些亂七八糟的？」

從事影視工作的西原先生告訴我的。西原是美瑛出生，三代前先祖還是四國的藩主，因為幕府失落，大政奉還，所有士族、武士都沒了官階，一切重新開始，初期生意失敗實在混不下去了，到北海道新天地打天下。那時選擇到美瑛來作農，幾經挫折才開始靠馬鈴薯翻身，收購農民的馬鈴薯做澱粉加工，打下了養家活口的基礎，也才開始在北海道傳宗接代。

北海道是一個移民大熔爐，明治維新之後，以屯兵或是團體開墾性質從日本各地來，在不同地方落腳打造新家園，也才會有類似「北廣島」這樣的地名。不僅西原先生，原來在稚內經營水產的鏡石社長，他爺爺因為參加共產黨被壓迫才從四國逃到稚內當漁民。而另一位北海道有名的服裝設計師越智老師，她的父執輩竟然也是四國移民到余市，多麼有趣的巧合。

其實，在北海道除了愛伊努原住民，每一個人都是移民，類似的故事比比皆是。但是如今，情況又不同了。

我們住宿的民宿老闆娘，和先生同是福岡出身，兩人一直想開家民宿，還特別去料裡學校進修，最後選定在美瑛落腳，一樓開餐廳二樓做民宿。不只他們，老闆娘說有從大阪來的年輕夫妻在山丘上樹林裡開了家店，使用美瑛產的小麥自己磨粉，鋪上道產的摩札瑞拉起士，烤出香噴噴的披薩，完成

兩人定居富良野的心願。

　　有許多日本人退休或移居喜歡去沖繩，一副每天曬太陽無所事事就是幸福。但是富良野不同，北國的土地和氣候都要重新適應，比起早期移民帶點無奈的出發點不同，新移民多半選擇和大家分享的模式，像是開餐廳或開民宿，都是為一圓自己的夢想。

美瑛車站前的咖啡店「北工房」。

　　我想起了以前住過的民宿也是遠從千葉遷居來的，在富良野這塊豐饒的土地上祖孫三代一起打拚，不知道他們會不會長久住下來？他們的小孩將來也會說自己是土生土長的道產子？

便當情報

便當名稱：お夏祭り弁当
購買地點：札幌車站

適逢夏季，在札幌車站上車前買了一個應景的祭典便當「お夏祭り弁当」。

一個八百八十日圓。包裝非常可愛，讓人捨不得打開。裡面則安排成特殊井字形格裝，中間是飯，上面還鋪了螃蟹肉絲和幾顆鮭魚子，配菜很多，有炸雞塊、烤魚、煎蛋甚至天婦羅青菜等等，簡直就是大雜燴，符合了祭典的精神。可是，這很像是變相的幕內便當，幕內便當是古時候看戲時在戲台子吃的便當，現在普遍統稱一格白飯多格配菜形式的便當，我不愛，很像台灣的便當，就算好吃也少了點趣味。

悲情鐵道員的幌舞駅

　　《鐵道員》故事是描述原來興盛的運煤鐵道隨著小鎮衰敗即將廢線，已經擔任四十五年鐵道員和站長的佐藤乙松，因為駐守月台引導列車進出站，盡忠職守，不離崗位，導致剛出生的小女兒和太太去世都沒能見到最後一面而內疚了一輩子。就在卸下工作之前他突然遇見三個小女孩，其實是他對應該已經十七歲的女兒不同時期的幻想。而就在隔天，這位老站長腦溢血突發倒臥在月台上死去……

1：從新得站到幾寅之間路段是山境，鐵道上上下下轉彎幅度又大，途中遇到風吹雪，讓人有點害怕。
2：越過山境進站的單節柴油列車，好像臉上蒙上了一層冰雪。 3：斑駁的車牌顯示出北海道最長距離普通車的價值，瀧川出發到釧路，共停四十七個站要花上八個小時。

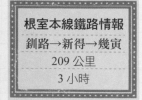

根室本線鐵路情報
釧路→新得→幾寅
209 公里
3 小時

　　開往幌舞的單線列車駛出美寄車站月台……特快車窗邊擠滿了乘客，朱
紅色車身的舊國鐵單線柴油列車左轉時，窗邊閃出好幾道鎂光燈。

　　KIHA12 一天只有三班開往幌舞，末班車於十八時三十五分發車。

　　「哼，眞受不了，這有什麼好拍的啊！你說是不是呢，站長？」

　　「你不懂就少亂說話！KIHA12 現在可是像珍貴的文化財產一樣。甚至有
些旅客爲了一睹它的風采，還專程從內地遠道而來呢！」

　　「既然如此，爲什麼還要廢除呢？」

　　「眞是的，當然還是爲了運輸密度和成本考量的問題啊！」

虛構的車站演繹真實的人生

　　淺田次郎所寫的短篇小說《鐵道
員》裡，從文章一開始老站長和年輕
駕駛員的對話就說明了地方鐵道的命
運。這篇小說在一九九九年被拍成電
影，由高倉健主演，將鐵道廢線和忠
誠鐵道員的故事真實呈現在人們的眼
前，吸引了許多鐵道迷前往電影拍攝
地朝聖。

　　幌舞（Horomai），是小說中的名
字，為了拍攝電影，特別將一個小站
「幾寅」（Ikutora）改造而成。事實上，
幾寅不是煤礦小鎮，也因為位在根室
本線上，目前沒有廢線的疑慮，可是
因為電影的緣故，小站這幾年來成為

在單節列車上可以很接近駕駛員，看著他們每
一站都確實地做著動作，讓人興起尊敬之意。

熱門的觀光地。不僅粉絲們搭著列車從各地來，也有觀光客搭著遊覽車一車

一車的來參觀。

《鐵道員》故事是描述原來興盛的運煤鐵道隨著小鎮衰敗即將廢線，已經擔任四十五年鐵道員和站長的佐藤乙松，因為駐守月台引導列車進出站，盡忠職守，不離崗位，導致剛出生的小女兒和太太去世都沒能見到最後一面而內疚了一輩子。就在卸下工作之前他突然遇見三個小女孩，其實是他對應該已經十七歲的女兒不同時期的幻想。而就在隔天，這位老站長腦溢血突發倒臥在月台上死去。

我的旅程就要結束，看著北海道的鐵道路線圖，除了留萌本線和幾條小的支線外的鐵道路線全都搭過了。在回札幌途中，我最想去的就是「幾寅」或是根本直接說「幌舞」呢？

幾寅是根室本線上的一個小站，從釧路搭上大空號特快車到新得（Shintoku）再轉慢車是比較快的方法，即使如此也要花上三個小時。但如

果直接搭慢車慢慢晃，可是五個小時也到不了。大空號素以傾斜式車輛（振り子式）聞名，也就是在轉彎多的路線上，這種列車可以傾斜五度之多以維持車速，有人在車上遇到大彎時會覺得不舒服，像暈車一樣。而到了新得之後轉換成單

為《鐵道員》打造的電影場景如實地保留下來，這些場景並不是年代久遠，而是當初打造時就是復古模樣。

除了車站外觀之外，其他重要電影場景包括售票口、站內
陳設，甚至連車站外的食堂，全都保留了下來，成為粉絲
們前來拍照的聖地。

《鐵道員》中將一輛 KIHA 40 的車輛改成早期的 KIHA 12，特別挖掉兩個頭燈改為一個，更加復古可愛。

節柴油慢車重新出發，一路穿山越嶺路況難走多了，但似乎可以感覺柴油列車不能忽視的馬力。

「**柴油列車爬上緩坡，左右兩邊緊鄰著山稜。隨著列車每穿個一個短程隧道，積雪也愈顯厚重。**」

沒錯，這條路線原本就是一條運煤路線，實際情況就像文章所描寫，列車越過狩勝山口的前後，通過好幾個隧道。有時隧道一出來下大雪，再下個隧道又是大太陽，天氣變化劇烈。我站在駕駛座後方，盯著列車前方的鐵道，彎曲幅度很大，忽而上坡忽而下，有很多次沿著崖邊而行，驚險萬分。

幸好執意要來，這是一個不可思議的地方。

從月台走下階梯，站舍上掛著大大的歡迎光臨幌舞站的招牌，真實的幾寅站名小小的寫在旁邊，好像每一個來的人都應該知道這個車站是個電影拍攝地一樣。幾寅站早就是無人站了，但好像一點關係也沒有，因為人們到這裡來就是為了看電影高倉健飾演的鐵道站長虛構的車站。為了復古，幌舞車站改成大正時期風格，全站都是木造，連鐵窗也都小心的改為原木隔子窗。站舍裡還有為站長設計的辦公桌、電視機甚至柴油暖爐，原樣保留了下來。站裡還張貼著鐵道員的電影海報，而電視機我想是為了播放電影片段而刻意擺上的。

「仙次環視幌舞四周的群山。經過大雪洗禮後的天空，宛如潑上水彩般蔚藍，和 KIHA 的朱紅色車身顯得十分相襯。」

讓我再借用小說裡的一段文字，不愧是直木獎得獎者，淺田次郎的這段描寫正就是我當天抵達時的情形，我無法形容得比他更貼切。

站外不遠處，有一家不倒翁食堂、一家還有三色旋轉招牌的理髮店、一家看起來都要倒掉的井口商店，唯妙唯肖好像真的就存在一樣。前一天的大雪幾乎把建築物滅頂，不倒翁餐廳的大門口被雪堵住，我心裡還嘟囔著說

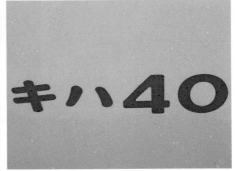

左：劇中所用的車上，非常吸引人的車牌。　右：這個片假名發音就是 KIHA，是目前最常見的柴油普通車，型號 40 指的是配備一具引擎。許多地方路線用的都是這種車型。

1：雪中鐵道。 2：在幌舞車站前，每個人都會想擺個
pose。 3：這就是傳說中的 JR 時刻表，像台灣電話簿那麼
大一本，有一千頁厚，還是日本暢銷書排行榜之一。

要不然就進去吃點熱的東西呢！後來看到一旁掛著「電影拍攝地」的招牌才意識到，假的。

而最吸引鐵道迷目光的，莫非是停在站旁那輛橘紅色KIHA 12列車，其實「KI-HA」是車輛的代號簡稱，KI是指柴油車，HA則是從前的三等車，就是現在的普通車了。而KIHA 12早就除役，因為劇中時代的設定，劇組大費周章把較新的KIHA 40改造，還特別將車體外塗漆做得帶有歲月痕跡以符合劇情需要。而且，真正的KIHA 12型只出廠二十二輛，這部改裝的也煞有介事的印上「KIHA 12-23」的字樣。

在幌舞站前除雪的工作人員。

這時，哪部分是虛構哪部分是真實的已經分不清了。

回程列車在落合站停留十分鐘。我看見一位乘客下車去拍車牌，又去天橋上空拍，稍一留意，發現他的座位上放著一本「全國JR時刻表」，原來這就是所謂的鐵道迷！

不是鐵道迷的鐵道之旅

在日本，所謂的鐵道迷（日文稱鉄道ファン，也有人暱稱為鉄ちゃん）可以有好幾種，有人對車輛型號瞭如指掌，可能還收集模型。也有人是鐵道研究，或是錄音研究，在 youtube 上可以找到很多人上傳的是某輛列車的聲音，達人程度的一聽就知道是哪個型號的列車。更極致的還有車站研究、廢線研究和時刻表收集的鐵道癡。

近年來也有很多女性也愛上鐵道，拿著時刻表一個人這裡那裡去搭乘鐵道，對於這些女鐵道迷，有個暱稱叫「鉄子」（Tetsuko）。

而鐵道迷裡有大部分其實是「鐵道旅行迷」。即使只是旅行迷也分好幾種；有人是一定要「完乘」，就是一定要從頭到底搭完某條路線。有人是途中下車型，也有人是一定要在司機後面展望車前風光的，還有人是所謂「青春 18」迷，只在寒暑假拿著 JR 推出的優惠票搭著慢車長距離移動的，不勝凡舉⋯⋯

根室本線從瀧川起站到終點根室全長三百零八公里，是北海道距離最長的一條路線。可是呢，一般快車只停大站到釧路，而且小站不停。特別的就是這條路線上每天有一班單節柴油編成的普通列車，早上九點半出發，到達釧路是傍晚五點半，整整八個小時慢慢的搖晃行進。原來，那位鐵道迷拍的就是這一天只有一趟的柴油慢車。

張國立在幌舞站前留影。

有人追求速度，也有人享受緩慢。

「對了，廢道之後我會怎麼樣啊？我可不想被調去駕駛主幹線？」

「為什麼？」

「因為我對時速五十公里以上的世界完全一竅不通啊。到時候我一定嚇得全身發抖……」

文章裡年輕的駕駛員對著老站長說。

我不是鐵道迷，但一趟幾寅之旅讓我往「鐵道旅行迷」更進一步！

在月台上見到一位站務人員，他的身影看起來就像高倉健在《鐵道員》片中的剪影形象。

便當情報

便當名稱：釧路漁礁
購買地點：釧路車站

因為從釧路出發上車，又在釧路買便當。又是代表北海到三大特產的鮭魚子、鮭魚和蟹肉，特別的是做成壓壽司狀，也就是將醋飯放進一個長方形的容器，再鋪上材料壓製而成，聰明的廠商，用透明盒子盛裝，顏色鮮豔，讓人看了忍不住想買。
口感大同小異，只是滿足了追求變化的我。

冬季留萌本線往增毛 （趙薇）

　　這是一條風光很美的路線。跟著一人駕駛銀色不銹鋼車體的單節列車上下丘陵，越過山峠進入田園，過留萌站後左轉向著日本海前進。有點像是我們從淡金公路進入三芝區界後一個小上坡下來突然看見海那樣讓人驚呼……

增毛　留萌　惠比島

留萌本線

深川

留萌本線鐵路情報
深川→增毛
66.8 公里
1 小時 20 分

　　對於北海道，最早的印象是來自於一本《鯡魚不再來》的遊記。什麼是鯡魚？為什麼不再來？趁著親自到北海道時一定要找到答案。

　　所謂的鯡魚又叫春告魚，日文裡常常寫個「鰊」字，發音 nishin，英語學名則是 Pacific Herring。鯡魚分布於北太平洋和北海等附近冷水海域，每年春天廻遊到北海道西方的日本海岸產卵，所以有了這個美稱。曾經，那是日本明治末期的時候，日本海岸捕獲了大量的鯡魚，很多很多，據資料說那時候最多的捕獲量達到一百萬噸，那是多少呢？相當於三、四十億尾。

　　許多漁家因此而發了財。在留萌，大船主們蓋起了「鰊御殿」，也就是氣派的豪宅。而在小樽附近有個小站叫作「錢函」，月台上還展示著一個古老木頭箱子，那就是以前漁家捕獲大量鯡魚拿來裝錢的箱子，錢函就是現代的收銀機，最極盛的時候錢函裡的錢還滿出來，裝不下。

　　盛況維持了數十年，到了昭和三十年起（一九五五年），漁獲急遽減少。據說是因為洋流變化或者是海水溫度改變等等，當然跟過度捕撈一定也有關係。漁民們開始捕不到魚，鯡魚不再蜂擁而來了。

左：錢函站的月台上展示著一個古老木頭箱子，那就是以前漁家捕獲大量鯡魚拿來裝錢的箱子。
右：惠比島站。

　　現在鯡魚的產量每年只有大概四千噸左右，與當年真是不可同日而語，但是這段風光歷史還一直為日本海域的人們津津樂道。當我要搭乘留萌本線前往鯡魚故鄉的前一天，有位在錢函的漁夫朋友正好要出海，他要我們為他禱告希望他的運氣夠好，如果「大漁」，可以有一百萬圓進袋。我們互相祝福對方順利。

海鷗聚集的鯡魚故鄉

　　到日本海岸的增毛要搭留萌本線，因為這條鐵道沿線到處充滿昭和時代的影子，時常成為電影和連續劇的場景，除了地方通勤，也是一條熱門的觀光路線。

　　一九九九年 NHK 一部連續劇《すずらん》（鈴蘭）造成轟動，這齣劇講述一個被遺棄的小女孩和擔任鐵道站長的養父在大時代動盪下發生的一連串的故事。和之前去過的幾寅一樣，故事也和鐵道員和鐵道廢線有關。發生地是一個虛構的「明日萌」站，借用了這條路線上的一個小站「惠比島」來拍攝。最重要的是那時 JR 北海道還沒有推行 SL 觀光列車，為了劇中需要從蒸汽火車和駕駛都是向 JR 東日本借調。連續劇紅了，每個人都想搭著鈴蘭號蒸汽列車去明日萌站看看，

明日萌站看似頗有意境，但這其實是為了拍攝 NHK 連續劇而建造虛構的場景。明日萌站掛有招牌、海報，站內還展示了站長和劇中女主角的人偶供觀光客拍照。

1：現任民宿主人在一旁開設了海猿舍咖啡館，為這條明治昭和風味的歷史老街增添了一絲時髦氣息。
2：增毛館是昭和七年建的一家旅館，現在作為民宿營業，歐風拱形窗稜顯得很洋派，可是為什麼二樓的窗戶貼著塑膠布？ 3：丸一本間家是明治初期增毛町最大富豪本間泰藏的豪宅，本間家除了是大船主也經營和服、雜貨和當舖。

1：增毛小學校的體育館，也是全木造，而為了防大雪壓頂，特別建造了斜屋頂和斜立的支撐住，現在已經被列為重要文化財保存。2：鯡魚蕎麥麵就是將增毛最有名的鯡魚排，用甘露煮的方式醃漬，放在蕎麥麵上，這家店在增毛非常有名，牆上也很多明星簽名。3：穿得暖呼呼的增毛小學校學生。

於是促成了 JR 北海道開始籌畫道內的蒸汽觀光列車。

張國立說：「搞了半天，就是這齣劇害得我要來北海道扛行李啊！」

其實這只是理由之一，重要的是終點站增毛（Mashike），除了是高倉健主演的電影《車站》的拍攝地，也是個因鯡魚而發展的歷史文化小鎮，這裡還有個著名的日本最北的釀酒廠——國稀酒廠。一聽到酒廠，張國立眼睛就亮了，之前才剛剛愛上了國稀酒廠出產的「鬼ころし」（連鬼也會喝醉的意思），又聽說國稀酒廠可以無限暢飲，一路上都沒找我麻煩。

增毛（Mashike），連日本人都要嘲笑一下的地名，朋友一直提醒我說男生都會喜歡啊？不就是腦袋上的問題嘛！害我一度還想歪了。其實，「MASHIKE」在愛伊努語的意思是海鷗多的地方。為什麼海鷗會聚集呢？就是因為鯡魚群來了，海鷗有了食物。

也因為鯡魚，帶動了商業繁榮，明治時期，不僅是豪宅連連，增毛街上陸續蓋起了旅館、店舖，連釀酒廠也是當時最大富商投資的。一百多年過去了，但不論是石造的倉庫，木造的旅館富田屋，還有原本是旅館的增毛館現在則是幾度轉手後成為民宿繼續營業，為現代人默默地訴說變遷的歷史。最令我印象深刻的則是町裡唯三的小學——增毛小學，當年也是因為鯡魚商機讓地方上有能力蓋了一個當時能容納一千人的學校。我們到訪時增毛小學正在慶祝開校一百三十二年。堪稱北海道最大而且最老的木造學校。

可是，才隔一年就聽說這個小學廢校了。畢竟，校舍實在太老舊，木造窗台根本擋不了冷風。更別說町裡的人口愈來愈少，六個年級的學生總共也只剩下一百五十人，而這些學生就併到增毛高中寄校。讓我想起了花蓮有些偏遠小學的遭遇。

在離開北海道前一天能在這樣的小鎮上晃蕩，心情竟是憂喜參半。

上：大雪覆蓋在屋子上，形成南國難得一見的景觀。 下：昭和十一年建校的增毛小學校是北海道內最大也最老的木造校舍。看這一片片木板釘成的校舍，很難想像在這大雪天裡小朋友們怎麼度過寒冬？可惜現在已經閉校了。

往小鎮增毛，從札幌出發如果走公路，三個小時之內可到。如果搭鐵道，必須先搭乘函館本線往北到深川轉搭留萌本線往西。這條通往日本海的鐵道不長，只有六十多公里，共二十個站，可是，

路邊的除雪機。

二十個站裡只停六站。而且，除了起站和中間停留十五分鐘的留萌站之外，都是無人站。不僅如此，經過的站舍要不是像古時候柴房一樣的小木屋，就是像貨櫃屋般的簡易站舍。

其實，這是一條風光很美的路線。跟著一人駕駛銀色不銹鋼車體的單節列車上下丘陵，越過山峠進入田園，過留萌站後左轉向著日本海前進。有點像是我們從淡金公路進入三芝區界後一個小上坡下來突然看見海那樣讓人驚呼。

無人車站訴說的淒涼

留萌附近也以穀倉聞名，秋末的時候能看見整片黃金稻穗。而冬季呢，前一天才下過大雪，每戶人家屋前的雪堆得快把門窗都擋住了。北國有句話說：「雪深い、憂重い。」，雪愈深愈憂愁。而對我這個旅人來說，藍天碧海白雪，根本就是日本人形容的「雪化妝」，一場大雪把風景嘩的一下全改變了，雪白大地的美難以形容。

列車經過這條路線最引人話題的惠比島站，也沒有人上下車。這是 NHK 連續劇《鈴蘭》的拍攝地，木造的車站顯得很簡陋，比一旁為了拍攝連續劇而搭建的明日萌站還要老舊。明日萌站的候車室裡竟然有個女孩倚窗而坐，嚇我一跳。後來才知道有許多觀光客慕名而來參觀，為了模擬劇情而設計的人偶場景，還好是大白天看到，不知道的人晚上經過可能要嚇出一身冷汗。

留萌本線為推廣觀光有出售無限制上下車的套票，限期兩天。我本來也很想途中下車一站一站

留萌車站的蓋章台。留萌站為全線最大站，但每日搭乘人數也只有八十九人。

拍照玩玩，卻因為每班車距相差兩三小時，也就是說下了車可能只會遛達半小時卻要再耗兩個小時等下一班車。也因為班次少，搭乘的乘客也只剩下學生或是老人家，連中途最大的留萌站，一天上下車的乘客也只有八十九人，這使得留萌本線的營運成為了全日本兩百條鐵道路線中赤字最嚴重的一條。

曾經聽說，北海道鐵道歷史至今已經廢除了超過一千五百公里長的路線。《鐵道員》、《鈴蘭》等這些小說中的情節有可能一再重演。這讓我想到開通時間、路線距離甚至停留站數和留萌本線都差不多的「江差線」的命運；二〇一三年夏天我和張國立旅行到函館時聽說江差線隔年就要廢線，趕緊跑去一日遊，沒料到時間沒算好，抵達木古內站要轉車時才發現，接下來一班列車要四個小時以後，就算搭上車到江差天都黑了，只能打消計畫。

　　因為二○一五年新幹線將從東北的青森延伸到函館，原本有連接本州之間交通使命的江差線也因為營運不佳面臨功成身退的命運，橫貫木古內到江差這段鐵道得在二○一四年五月畫下句點。

　　所以我很高興，先搭過了留萌本線。

　　其實，我更開心自己曾經搭著北海道鐵道的各條路線環島一周。

　　最後了，張國立還要吐槽：「嗯？不只一周吧。」

　　對了，後來得知，錢函的漁夫朋友那天運氣不好，沒有捕到百萬大漁，只收入五萬日圓。

便當情報

便當名稱：松村壽司店的外帶壽司便當盒
購買地點：增毛松村壽司

雖然中午已經在街上吃過鯡魚蕎麥麵，但是聽說增毛松村壽司的超大散壽司很有名，份量感十足。可是我們臨走時已經下午兩點多，超大散壽司當日數量售完，不死心的我請師傅做了一份握壽司外帶。在火車上吃握壽司多奢侈啊！每種海產的鮮味都吃得出來，不過還是老問題，兩人分食實在意猶未盡。

風雪增毛駅內的鬼殺　張國立

　　增毛的發音為ましけ（Mashikei），和「毛」無關，更和「增」無關，如同大部分的北海道地名，是從原住民愛伊努語直接音譯過來，再轉成漢字，原義為「海鷗很多的地方」。

　　凡是原住民語的地名，都不尋常的浪漫……

國稀酒藏門口有大大的「酒」字。

酒藏老房子展示廳。

趙薇是北海道行的領隊，我窩在火車內打著呵欠問：

「再說一次，妳說留萌線的火車開到什麼地方去？」

「增毛。」

很好，有兩個可能，那裡的人都沒頭髮，所以要增毛；或是那裡的人都有祖傳秘方能增毛，而且秘方也「增毛限定」，非親自跑去當地，否則買不到增髮的藥方、藥水、藥膏。嗯，我瞄瞄反射在玻璃上的臉孔，頭頂的確很稀鬆，若是能增個幾千幾萬根毛髮，倒是有安慰四十歲起即白髮的自卑心情。

兩者都不是，增毛的發音為ましけ（Mashikei），和「毛」無關，更和「增」無關，如同大部分的北海道地名，是從原住民愛伊努語直接音譯過來，再轉成漢字，原義為「海鷗很多的地方」。

凡是原住民語的地名，都个尋常的浪漫。

海鷗很多的地方還有一個更深層的意思，魚一定更多，否則海鷗不會聚在那裡。有什麼魚呢？

「有牡丹蝦。」（我不太能吃蝦，過敏）「有紅蝦。」（我繼續過敏）「還有鯡魚。」（這就不過敏了）「你愛吃不吃。」趙薇不是風度很好的女人。

為了鯡魚坐五、六個小時的火車，萬一到時天候不好，漁船沒出港，那可怎麼辦？

「你猜增毛最有名的是什麼？」她恐嚇加誘惑。

「拉麵？」

「拉你個頭。」有時她可能根本沒風度。「酒～～日本最北的酒廠在那

裡。」

　　呃，幻之酒在增毛？不早說。

　　日本酒指的是米酒，也叫清酒，甘薯、玉米之類雜糧做的燒酒，儘管也百分百日本製，就沒資格叫日本酒。還有個頗禪宗的名稱，男人如果明明想溜出去喝酒怕老婆不許出門，可以堂而皇之對她說，去和朋友喝「般若湯」。

　　一般米酒是用米加進麴這種酵母釀製，好一點的則用低溫發酵，並加入各家私傳酵母，使得味道更易入口，就叫吟釀了。還有一種乾脆加進釀造用酒精，顯得略為甘、烈，這叫本釀造。

　　以前我愛喝吟釀，自以為附庸風雅，日本朋友光明桑用「你是娘砲呀」的眼白瞄我，他說，吟釀是女人喝的，男人得喝本釀造。我是娘不起來的男人，從此改喝本釀造。

　　嗅著空氣中的淡淡雪味，從留萌起，火車一路行駛在偏僻的海邊小村子間。留萌在蝦夷語的意思是很深且有潮汐的河，可見很久以前潮汐經過留萌川直達這個小鎮。

　　支線火車有幾個特徵，以單節柴油車廂運行、一人駕駛、沿途大部分是簡易的無人管理車站、百分之八十的乘客是老人與學生、沒鐵道便當，顯得悠閒與些許寂寞。尤其抵達終點站的增毛，才出車站便見兩側都是堆得比人還高的積雪，迎面是在風中搖得隨時可能解體的三層樓木造富田屋日式旅館。轉角處也是木造的風待食堂根本已休業，看來我們連午餐也有無處解決的危機。沿著雙線道柏油路往漁港走，唯一遇到的行人是幾個從增毛小學校放學出來的小學生，一路追跑玩雪，希望他們天黑前能回到家。

　　在冬天據說仍營業的旅館是增毛館，二樓木框窗戶都釘上透明塑膠布防寒，即使站在對街看著，已能感受夜晚在房間內的颼颼刺骨寒風。

　　掛著「open」牌子的海猿舍咖啡屋，依偎於增毛館的牆旁，有如違章建築。推門進去，一條長型吧台後面坐著位抽著菸的中年婦人，她朝我笑笑，

早期的多田商店現在改為觀光案內所，可惜我們到的那天沒有開門，不知道是不是大雪擋住了大門無
法營業呢？

頓時我有種剛從遠洋船隻下來的水手感覺，在冰天雪地的不知名港邊尋找一
杯冒著熱氣的咖啡。

不，二月，這種凍得如《麥田捕手》作者沙林傑所寫的「如巫婆奶頭」
的天氣裡，需要的是酒。

然後轉過彎，門前拉著大型布製酒招的木房便矗立在眼前，國稀酒藏，
日本最北的酒廠。

裡面的小姐以熱誠的態度迎接我們，介紹製酒的每一步驟，我見到一個
不停冒水的水龍頭，她說米酒關鍵三元素是米、酵母與水，這裡因為水好，
才有酒廠。

在東京的百貨公司地下街，試吃；到了增毛的酒廠，免不了試喝。我喝
了七種酒，體會每種不同的深度、香味與頭昏的程度。

　　邁出醉八仙的步子，捧著趙薇同意下買的一大瓶酒重新走回市街，看著不遠處的日本海與防波堤上白白一層的海鷗屎，要找海角天涯，這裡就是了。

　　坐在增毛小學校前的階梯，海角到底帶給我什麼刺激？

　　寂寞……還是寂寞。

　　偶爾寂寞一下能依稀看得見內心的深處，心情變得很平靜，一如這天的日本海，連白色的浪紋也看不見。思緒也暫時停止活動，如果我這時睡著，醒來時已是二〇五三年，想必我也不會驚慌。對了，這叫放空。

　　放空到靈魂緩緩從我頭頂飄起，他在半空中打了個呵欠，兩手平舉人體繼續向上升，說不定升到天邊找朵雲躺下，嗅嗅海猿舍洩出的咖啡香氣，瞄瞄地面翻白眼珠子且伸長右手食指猛戳某男人太陽穴的台灣女子──

　　「你在幹什麼？才買的酒又被你喝掉半瓶。」

國稀酒藏。

左：國稀酒藏的水。　右：酒藏工作人員。

　　我說過，短暫的寂寞，對旅行中的男人，是好的。

　　回程時已近黃昏，氣溫降至零下十度，我窩在車廂角落的暖氣口旁，趙薇唸著：

　　「我看你在北海道會變成酒鬼。」

　　我低頭看看懷裡的酒瓶，上面印著「鬼ころし」，意思是，鬼殺？喔，大概意味這酒能迷倒鬼，讓這死鬼醉在留萌本線的車中，被老婆唸死？

　　嘿嘿，鬼殺。

　　「趙小姐，嗝嗝，」我對身旁的女人說，「貴姓大名？嗝，要不要來口酒？」

　　她大眼瞪我。

　　嘿嘿，她不喝酒。

　　我們男人大口喝酒，來，這個日文一定得發音正確，ほんじょうぞう，本釀造。

湯咖哩、成吉思汗、珈琲屋──亂戰札幌 張國立

　　所以在札幌市區內玩耍要有點耐心，我，為了玩，恆心、耐心、貪心，付出三心。

1：北海道大學內的白楊並木林。2：圓山公園旁咖啡館。3：札幌還有各色各樣迷人的甜點。

中央卸賣市場七百五十日圓的亂壽司

　　札幌很難玩，原住民語裡，札幌的意思有兩個，乾燥的大地或潮濕的大地。真矛盾，難道原住民不懂乾燥和潮濕恰好是反義詞嗎？根據日本學者的考證，貫穿市區的豐平川在乾季時的確很乾，可是它的下流卻終年潮濕，所以有兩種說法。

　　總之暫時忘記乾或濕，重要的是都說札幌是「大地」很寬廣的一片土地。

　　如今札幌市區面積是台北市的五倍大，人口將近兩百萬，比台北少七十萬，而且位於石狩平野的中央，可見建築分散，地鐵又只有三條（東西線、南北線與東豐線）外加三條很短的地面電車，這種地方和洛杉磯一樣，難玩。

　　札幌的公車很多，不過我費了很大工夫研究當地的公車路線，於是得到一個結論：札幌有三難，冬天時地面結冰很難走路、吃成吉思汗衣服沾的燒烤味很難消除，還有，最難的是公車牌的路線圖很難看得懂。

　　所以在札幌市區內坑耍耍有點耐心，我，為了玩，恆心、耐心、貪心，付出三心。

　　到了任何一個城市先得搞清地鐵路線，然後，找市場。

　　札幌有好幾個大型市場，趙薇問剛起床揉著眼睛的我想先去哪個？當然是最好吃的那個！

　　坐上地鐵東西線到二十四軒站，找中央卸賣市場。卸賣？

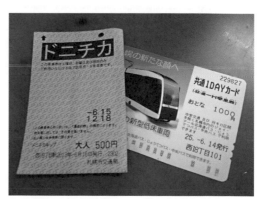

在札幌坐地鐵有點學問，平常買 ONE DAY CARD 要一千日圓，但週六與週日的「土日曜卡」則只要五百日圓。好，走路五天，坐車兩天。

赫，大批發的意思。

一看站牌就知道這裡當初很偏僻，可能只有二十四戶人家，所以地名才叫二十四軒。如今不同，整條街全是漁產店，擺滿帝王蟹、毛蟹與各種昆布、海鮮製成的食品。

這天趙薇找餐廳，她有點怪癖，不喜歡觀光客多的店，東看西瞧，最後上了間在二樓很不起眼的館子，大漁壽司若駒。很好，賣壽司的。往料理台前一坐，菜單上有很多選擇，最吸引我的莫過於散壽司。

喜歡散壽司，如果握壽司像寫實畫，散壽司就很印象派，一大碗醋飯上面看似混亂朦朧，仔細研究又秩序井然。更動人的莫過於可以把魚肉連飯大口扒進嘴，比起握壽司要豪邁也更有滿足感。

站在檯後忙碌的師傅問看著菜單發愣的我要吃點什麼？這時大約上午十一點，店裡坐滿客人，理論上我應該來份大碗的散壽司，不過價錢不便宜。正猶豫，發現菜單上有個亂壽司，才七百五十日圓。不錯，就這個。

什麼是亂壽司？師傅聳聳肩，他說有什麼魚就吃什麼魚。嘿嘿，我聽懂，他的意思是有什麼切剩的魚就稀哩呼嚕裝進碗賣給我，有點貓食的意思。

做握壽司與生魚片時，為求美觀，魚身上某些不規則的部分會被切除，可是絕不能浪費，就堆在一大碗白飯上，以較低的價格賣出去，這叫亂壽司。

我不是在意外貌的人，在意的是女人有沒有善良的心──好吧，我小氣，只在意價格。

那天的早午餐，趙薇吃的是三千日圓，有牡丹蝦、蟹腳、海

中央卸賣市場內若駒壽司的七百五十圓（左）與三千圓的海鮮丼。我頻頻安慰自己，我吃蝦蟹會過敏，何況我的不是更大碗嘛。

上：在圓山公園內走累了，可以坐在北海道著名甜點店六花亭所設的小店內吃個判官餅配咖啡或茶，咖啡與茶都免費。　下：圓山公園內。

膽的尊貴海鮮丼，我則是七百五十日圓節儉持家的亂壽司。送上桌來，我那碗可真夠亂呀，想起老媽以前做家庭工業，在家縫製成衣，剪下來的零碎布料稱為下腳料，那時生活艱困，有大老媽用下腳料替我縫了條短褲，沒仔細算，但起碼用幾十塊不同顏色與質料的布拼成，這種褲子怎麼穿得出去？

老媽一巴掌打在我後腦勺。

「這叫百衲衣，唐三藏取經穿的袈裟就是這樣子。」

從小學三年級被譏笑到六年級，直到很多年後我在泰國蘇美海灘見老外穿的沙灘褲才恍然大悟，老媽的時尚理念領先潮流三十年。二十一世紀的今天想請人縫條這麼多方格拼成的褲子，恐怕要幾千元吧！

捧著亂壽司，想著老媽逼我穿的百衲褲，所有感情都湧到嘴邊。夾起大口魚與飯送進嘴，哇，爆炸的滋味！

趙薇當然也受到感動，我寧可吃亂壽司，省下錢請她吃竟有兩種新鮮魚卵的海鮮丼──她發出咿呀喔的滿足聲音說：

「牡丹蝦好甜喲！」

牡丹蝦？哼哼，她還沒吃到鮭魚咧。

鮭兒與時不知鮭

在北海道吃鮭魚有許多講究，秋天的鮭魚固然肥美，不過鮭魚裡最值錢的是鮭兒，唸成 KEIJI（けいじ），它比較小，脂肪比一般的鮭魚多二至十倍，十一月中旬左右出現在北海道東北網走至知床之間的海域，

夢幻鮭兒。

平均一萬隻鮭魚裡才有一隻鮭兒，於是也被稱為「幻之鮭」。

朋友砂糖先生領我去札幌的工藤壽司店吃過一次，名副其實的入口即化，才進嘴，整塊魚便化在飯粒中。

還有一種也很特別的鮭魚，時不知鮭（時，知らず）。它們不在應該出現的時候出現，所以有了「時不知」的名字。一般鮭魚是秋末至初冬抵達北海道，時不知卻在春末夏初時出現。因為不是產卵季節，因此時不知鮭不像其他鮭那麼疲倦，肉質更有彈性。

最近一次去北海道恰是六月，魚市場內以時不知鮭為當季高級品，平常的紅鮭大約五千日圓一尾，時不知要一萬二以上。呵呵，不按牌理出牌的糊塗鮭魚原來更值錢！

在不該出現的時候、不該出現的場合裡出現，就是時不知，若用在人的世界裡，應該叫作不識時務。

人生難免會有時不知的時候，隨遇則安是必修課程。和砂糖先生喝酒聊天，我講了機器人漫畫和魚的故事。我說時不知鮭魚有點像唐吉訶德，搞錯了季節，竟成了我們口中的美食。雖說遇到不知算運氣，但若是沒牠，老朋

友相遇也已經夠福氣的了。砂糖先生說：

「槍桑，做男人要有顆 BIG HEART。」

他的意思是，坐進日本料理店的男人要，貪心？

看著盤內橘得發光發亮的那片時不知鮭，我想，小鮭，做人做魚都得識時務、看環境，到處亂闖一定出事，你看，大熱天卵也沒來得及產，便落到我面前，多淒涼！

哎哎哎，我伸手捻起時不知，沾沾醬油送進嘴，赫，滑嫩Q彈。我趕緊改口，小鮭啊小鮭，有時候搞不清狀況、搞不清場合，未必是壞事，像此時此刻對著你感嘆半天，你有 BIG　HEART，沒嫌我煩，真不枉我倆結識一場。好滋味，我把砂糖先生那片鮭魚壽司也夾過來吃了。

源義經和成吉思汗烤肉

札幌第一名「吃」當然是成吉思汗烤肉，到處都是，最有名的當屬一九五四年便開業的達摩本店（だるま），最有氣氛的是札幌啤酒園，我則在地鐵南北線的すすき站二號出口不遠處發現了「夜空ジンギスカン」，九十分鐘內「食飲放題」，一人三千五百日圓，拚了命地吃喝。

夜空成吉思汗的羊肩肉攤在烤盤上，搭配的是洋蔥。烤過的洋蔥帶著點點淡淡的甜味，令人忍不住想要夾起下一塊羊肉。

成吉思汗烤肉有兩項基本原則，得用圓形中央突起的烤肉鍋（方的、網狀的都不行）、非要羊肉且只有羊肉（若有牛和豬就不道地）。烤肉就烤肉，為什麼把八竿子打不著的成吉思汗扯進來？

北海道開發的歷史短，最早抵此的歷史人物據說是十二世紀的名將源

義經。那時日本兩大貴族平氏與源氏爭奪權力，源義朝被平清盛所殺，幾個兒子流落各地，牛若丸排行第九，長大才明白身世，協助哥哥源賴朝打敗平氏。不料源賴朝忌憚源義經的本事，狡兔死走狗烹，一路追殺老弟，源義經被迫自殺。源賴朝開啟了日本的武家時代，鎌倉幕府的首任征夷大將軍。

源義經會打仗，為人講究信義，卻被老哥所殺，大家同情悲劇英雄，於是民間出現了不同的說法：

源義經沒有自殺，而是搭船逃到蝦夷地（北海道），受到原住民的擁戴成為國王，他甚至登陸庫頁島，再輾轉到了蒙古，一下子化身為成吉思汗。二〇〇七年日本和外蒙古合拍了一部大片《蒼狼》，就由反町隆史飾演成吉思汗，也就是，非得由日本男人當一回成吉思汗不可。

這也是成吉思汗烤肉非羊不行，儘管北海道的牛肉好吃，但蒙古草原上沒有牛，只有羊。

和北京的涮羊肉、新疆的烤羊不同，成吉思汗鍋的羊肉是炙的，肉片較厚較大，吃起來口感十足。

哎，反正在北海道講到吃，最大特色便是，大！

成吉思汗烤肉唯一缺點是燒烤味，要是穿毛衣進去更慘，所以北海道的道民約定吃這個烤肉，必換上舊衣服，如果真難消除氣味，毀衣也得去吃。

蒙古遠征歐洲時，軍隊才過多瑙河，羅馬人便聞到羊肉味，嚇得想棄城逃走了。

呃，吃完若是坐地鐵，那可精采了，旁邊的日本美眉閃得五丈遠，而台灣資深美眉則在我耳邊碎碎唸：

「你看，都是你的酒味薰死人。」

不怪成吉思汗，怪酒？

湯咖哩有六種吃法

還有一種北海道料理也大，光看碗就夠大。不是說拉麵，是湯咖哩。

札幌名物湯咖哩。

湯咖哩和一般咖哩到底有何不同？據說湯咖哩（スープカレー）是北海道的「發明」，說法有二：一是說一九七一年札幌市的某家喫茶店開發出藥膳咖哩，這是湯咖哩的前身；另一則是說一九九三年當地經營印尼咖哩的名店「Magic Spice」最早使用「湯咖哩」這個名稱。

可能天氣冷，先用雞骨像熬拉麵湯底般熬出高湯，加進各種咖哩香料，而且不像一般咖哩以麵粉增加濃稠度，咖哩更清更像湯了。按此理論，湯咖哩能捧起來喝，頓時渾身溫暖，隨即鑽進蓬鬆的布團，身邊再有個剛泡完溫泉的女人——

「到底要吃什麼？」女人沒泡溫泉沒吃到鐵板牛排，火氣有點大。

北海道湯咖哩也有其條件，肉或蔬菜都要大塊進鍋，炒出水分才加入咖哩粉。

除了肉之外，美妙的地方在於採用許多當地的新鮮蔬菜，像南瓜、秋葵、櫛瓜、馬鈴薯、甜椒，明明全用青菜，卻絲毫沒有素的空乏感，它，根本豐富。

在某家店吃湯咖哩時，一位看似台灣的女性問服務生有沒有素咖哩，服務生一陣猶豫，我猜在製作湯底時可能用了雞骨、豬骨，即使上桌時全是蔬菜，可能也不一定意味是全素吧。

　　一般上桌時是一大碗湯和一盤加了若干乾果或番紅花的飯，怎麼吃咧？某家館子貼心地印了食用方法給顧客，我瞄了幾眼，有意思，吃法五種：

- **把整盤飯倒進湯內。**
- **把湯全澆在飯上。**
- **用湯匙舀飯後浸入湯中。**
- **交互喝湯與吃飯。**
- **將一勺湯澆在一部分的飯上，分次吃。**

　　不是都一樣？有必要把吃法搞得這麼麻煩嗎？

　　我的吃法？窮有窮的吃法，先將部分湯澆在飯上，吃完後再要求下點烏龍麵，加進湯裡，這樣我又有一碗咖哩烏龍麵。這叫湯咖哩二食法，若是還吃不飽，隨便你。

北海道大學生協食堂

　　在札幌若要吃得好且吃得省，那非得到北海道大學走一趟不可，離札幌火車站不遠，走走就到，不必在公車站牌前發愣。最初這所學校是札幌農學校，後來改制，是七所帝國大學之一，首任校長是美國學者克拉克博士，他退休時對學生說了句名言：

　　「Boys，be ambitious。」（小傢伙們，要胸懷大志。）

　　如今校園入口處的大石頭上便刻著：大志。

　　對，北海道什麼都要大，連北大的食堂也名聞日本。它的全名是北海道大學生活協同組合，舉凡宿舍、網上購物、紀念品，學生生活上的需求幾乎全包，「大志」對面便是禮品店，我旅行時最喜歡買 T 恤，既有紀念性，也可以當內衣、當睡衣、當外衣，於是買了件「大志」白衫，穿回台北被小乖等一干朋友取笑，他們說：

　　「大痣吧！」

朋友？哎！

北大食堂面積不是很大，賣的食物卻五花八門，而且隨著季節推出「旬」菜單。從拉麵到豬排飯，從炸雞塊到麻婆豆腐。我見了價目表立即食慾大開，以下是當天午餐的內容：

豬排咖哩飯，二百九十四日圓。

牛肉可樂餅，五十二日圓。

秋葵與菠菜，五十二日圓。

味噌煮鯖魚，一百五十七日圓。

偷眼瞧食堂內的學生與老師吃些什麼？有意思，某些學生自己帶便當，到食堂來是加菜。某些只帶菜，來這裡配白飯與味噌湯。

我算過一大碗白飯（北海道的米），加生薑燒豬肉片，就可以快樂享受一餐，才二百六十日圓。

嗯，看來在北海道很可以執行貧窮的貴族旅行。

便宜固然吸引人，重要的仍是滋味。我覺得比很多台灣的日式料理店要好吃，以精力丼來說，白飯上鋪滿豬肉片與青菜，中央是枚半生半熟的蛋，呵呵呵，四百口圓，看了就有精力。

北大也以札幌農學校為商標，出售許多特產，餅乾和火腿、香腸最著名。

六百日圓的中飯吃得連上身Ｔ恤的「大志」變成大肚，得走走路消滅一

1：北海道謝園內的「大志」。　2：大學時堂內的漢堡排飯。　3：校園內的古河講堂。

點熱量。

Ban K. 滑雪場的覺悟

　　札幌市西邊是山區，最方便的滑雪場便是 Ban K.，從地鐵圓山公園站有巴士可到。那麼就練練滑雪吧。

　　才剛到，幾輛巴士已經載來大批台灣客，個個裝備齊全，哇咧，我什麼也沒有，幸好這裡也出租裝備，並有教練指導初學者，問題是，我，慈眉善目的老張，跟一群看來個個舞刀揚劍的小學生一起學？

　　假裝一下好了，我廢話半天，滑雪場一位資深幹部領著我坐纜車到處參觀，老天，我沒穿大雪衣，吊在半空中被風雪吹得直想往下跳。沒關係，這裡有餐廳，一輛小火車把肉片嘟嘟嘟送到我面前的鍋子，看著窗外滑雪的人，恍然明白滑雪多麼迷人，一旦套上滑雪板，整個人馬上融入那股歡樂的氣氛中，每張臉即使戴著雪鏡也能看得出他們的笑容。

　　滑雪、騎馬、攀岩、衝浪、飛行傘，好，就以這五項為目標，我得在未來兩年起碼學會一項……我有懼高性，能攀岩能弄個傘飛嗎？連自由式的換氣都順便喝水，能衝浪嗎？

　　不能再猶豫，立刻著手豐富我的人生！

圓山公園旁咖啡館內的等待

　　札幌賞櫻最棒的地點之一是西邊的圓山公園，才出地鐵站便感受到歐洲風情，因為歐式餐館與婚紗攝影的關係？可是才進公園就回到古老的日本味，這裡有北海道神社與許多蝦夷櫻樹。

　　其實夏天的圓山另有一種沁涼的寧靜感，圍繞著一塊空地的大樹下坐著一位穿西裝的歐吉桑，他可能在跑業務之餘到這裡歇歇腿，那麼在這種很宮崎駿的畫面裡，他會不會不小心在樹叢間踏進另一個世界？

夜間滑雪的小孩。

公園對面巷子內有間咖啡館，一棟被樹葛糾纏得彎腰張嘴喘氣的老房子。森彥咖啡經營咖啡買賣，也在札幌市內開設了五家咖啡館，就屬圓山公園旁的這家最有味道，有樹藤的遮蔽，彷彿獨立於炙熱的夏季之外。

旁邊一桌的男女正悄聲說著話，生怕音量稍微大一點會洩漏了森彥的祕密而被太陽逮個正著。

「特別找你來講這些瑣碎的事情實在不好意思，可是這些話一定要講的。」

女人點頭說著，男人則低頭不語。

「星期天你應該陪家人，本來不該找你出來，非常抱歉。」

男人依舊沒出聲。

我在筆記本上寫著今天的行程，趙薇可能又溜到樓下，她是好奇寶寶，每到一個新地方便到處鑽。

後來那個男人先走了，他朝女人一直鞠躬，神色慌張地離去。女人仍坐著，什麼表情也沒有，十多分鐘後她拿出手帕擦擦眼角起身，我才發現，她挺著剛略有模樣的肚子。

兩天後我去了另一家，大通西十一丁目的板東咖啡，由一對夫妻經營的小店，裡面霧面玻璃上有隻用鼻尖頂著咖啡杯的長毛貓，街道上沒什麼人車，店內也只坐了五成客人，又一個安靜的下午，咖啡配的是藍莓果凍與冰

板東咖啡的甜點，夏天裡它傳達出絲絲涼意。

淇淋。

　　開始愛上札幌的咖啡館，如果冬天大雪時躲在裡面，看著窗外的吹雪，應該有截然不同的感覺吧。

　　才走出板東到路口，趙薇驚呼，這裡也有一家森彥。沒錯，我湊上去看看，設計得比較簡樸，像社區內的咖啡館，不過，窗前坐的女人怎如此面熟？啊，是圓山森彥裡的那位大肚子女人，她對面坐著一個男人，也是上次那位嗎？他低著頭看杯子，我辨識不出，我也沒辦法站在店外等他離去時檢視他是否依然一再鞠躬。

　　每個咖啡館都有故事。

　　回到圓山公園吧，就在地鐵站斜對面的南二 28 町目是宮越屋珈琲的本店，這是比較古典也比較成熟的咖啡館，據說是熟女與媽媽桑的最愛。長條形的吧檯只有靠窗坐著一個上班族客人，他的手提包擱在旁邊的椅子上，我和趙薇貼著手提包坐下，不是覬覦他包內的萬元鈔，而是唯有這樣才恰好面對吧檯後的年輕師傅，他正全神專注於手中的長嘴壺，將一縷冒著熱氣的連串水滴注進檯上的杯內。

　　忽然一個瘦高穿海灘裝與
人字拖的長髮男進來，右邊還
空著五六個位子，他卻堅定地
站在手提包後，他對那個包包
也有興趣？

　　上班族不好意思地將包包
移到窗旁，長髮帥哥坐下，一
語不發與我們一起看著師傅手
中的壺。難道大家都是為了看
沖泡咖啡的過程而進宮越屋？

　　他什麼也沒說，不久一杯
咖啡便放在他面前。他是常客，
和師傅間早有默契？

　　不，他在等待什麼，不時
望向窗外。才喝了一半，他接
起手機只輕聲講了一句話便重

森彥咖啡館。

重把手機甩進包內。一分鐘後，他抓起包快步離去，只剩下窗旁那個有點寂
寞的包包。

　　女朋友臨時爽約了？

　　對札幌要多點耐心，不知不覺愛上咖啡館，因為這裡的人似乎靠著咖啡
等待著些什麼……

是起點也是終點——札幌

很好奇，北海道人吃這麼多海鮮又嗜內臟，他們的膽固醇指數如何？

　　札幌今非昔比。二〇〇〇年十二月的某日，零下七度的低溫中，我一邊搓著手躲進當時的 SOGO 百貨公司，SOGO 正在進行結束大拍賣。那時札幌車站旁只有這個百貨公司和另外一個小賣場，那是我對札幌的第一印象，什麼都沒有。

　　幾年不見，札幌車站搖身一變，車站更新了，建起了 JR 大樓和旁邊的大丸百貨結合，再旁邊一點的 STELLA　PLAZA 則是年輕人的最愛。JR 站裡集結了北海道的所有特產，好像要把觀光客的錢掏光一樣。但是很奇怪，在札幌好像沒有購物的慾望，每次經過都只是當作交通中心，從沒機會好好逛逛。最後發現，新千歲機場才是我的新歡，那裡就像個大超市一樣，買特產要比買名牌有趣多了。

大通公園的啤酒祭到雪祭

　　有人說一定要在春天拜訪北海道，在五個月大雪覆蓋之後的一片新綠非常漂亮。我住在一年長綠的台灣對綠意其實沒有太多的幻想，可是實際在六月春末時節來到北海道才發現，那種悠閒可是在東京甚至台北都感受不到的。為了迎接春天，札幌市政府在六月末舉辦花卉博覽會，大通公園被裝飾得美輪美奐，周邊還有小吃市集，市民們攜家帶小在公園裡席地野餐，還有年輕人帶著吉他輕鬆地合唱，好像沒有一個北海道人不愛春天。

　　札幌市政府送給市民的禮物不只在春天，夏天的啤酒祭，冬季的聖誕燈飾，再就是最讓我驚豔的雪祭。

　　每年二月，北海道最冷的季節，札幌雪祭開始準備，時間長達一個月。最高紀錄創下用雪一噸，大件作品主要由自衛隊官兵共同創作。小型的雪雕也廣徵各界好手展出，由於展期只有一個星期，吸引了日本各地甚至世界各國觀光客都集中在此時前來。哈！照例周邊又有賣小吃的攤販，有賣應景的甜酒攤和各種烤的炒的炸的小吃，這是大通公園最熱鬧的一個禮拜。

　　我更羨慕在北國城市的人們有如此可以享福的故鄉，難怪佐藤先生退休之後無論如何都不回東京去了。

　　佐藤先生不回東京恐怕還有另一個原因，被稱為餐飲戰區的札幌鬧區——薄野（Susukino）。每一次，真的是不下十次，跟我們約吃飯都不說地點，搭計程車接了我們，每一次下車都是在薄野，他好像都忘了上一次也是帶我們來這裡。雖然吃飯的餐廳都不同，可每一次吃完飯他總要去一個他經常光顧的小酒吧。我說不喝酒，他就讓媽媽桑要弄一大碗沙拉和亂七八糟的配菜，放在佐藤面前的下酒菜他碰都沒碰，抽口菸喝口酒，看著電視和旁邊的熟客聊天，從棒球到政治到投資他們什麼都能談。酒還沒喝空呢，媽媽桑馬上又加滿，佐藤就再點根菸再喝口酒。

　　日本男人的酒吧文化我永遠都不會懂。

　　退休的佐藤先生為了盡地主之誼，帶我們玩遍札幌。老人家吃完飯趕著計程車去藻鹽山，只因為我說要看夜景，結果那天能見度不高。他又攔了車

札幌市中心貫穿十幾個路口的大通公園，春天綠意盎然何等悠閒，是市民休憩、玩耍的大花園。

薄野夜景。

回札幌車站說去 JR 塔可能看得到，結果還是視野不佳，我覺得還好，他卻一直替我抱屈嘴巴唸著：「殘念（可惜）！殘念！」我想連最愛的孫子、孫女來札幌他都不見得會帶著他們又去滑雪場又去看雪祭的。

　　雖然一度小抱怨佐藤先生老是走馬看花式的觀光導覽，但至少比張國立哪裡都不想去的好。而更拜佐藤之賜，讓我在札幌盡享美食。聽張國立誇中央卸賣市場的亂壽司好，佐藤說：「啊，瘦！」雖然日文裡是「這樣啊」，可是我覺得他不以為然，因為接著他就帶我去薄野的工藤壽司，像是要給張國立好好地上一堂壽司課。

札幌雪祭在每年最冷的二月舉辦，費時一年準備，一個月佈置完成，展期卻只有一星期，因為雪雕一旦融化不但不好看，也可能造成危險。

吃海鮮、吃壽司也有獨家

　　秋冬是最適合吃壽司的季節，所有的漁產最肥美的時刻。張國立形容夢幻的鮭魚真是一點都不誇張，入口即化。讓我印象更深刻的還有釧路來的秋刀魚生魚片，秋天是秋刀魚的季節，十月底西部海域漁季已經結束，東部釧路還有一些，秋刀魚烤起來油滋滋的很好吃，但要吃生的一定要夠新鮮。另外還有一種也是只有北海道才有的柳葉魚，就像我以前的印象，我們在中秋節烤肉一定會烤 Shishamo，原來那些冷凍的其實都是別種很像的魚類，真正的柳葉魚非常少，做成握壽司得用三片魚身編成麻花狀，柔軟鮮嫩。

　　北海道因處北方海域，和日本其他地方漁獲不同，料裡起來也顯得豪邁。我曾經在台北的壽司店裡聽過一個說法，一般都認為鮭魚卵日文發音 IKURA，可是北海道本地人都說 Sujiko「筋子」，一問，果然如此。而且 IKURA 還是俄語，魚卵的意思，反而被普遍使用。通常鮭魚卵做法是將一整條包覆在筋膜裡的魚卵剝下來後泡醬油醃過，可是北海道人吃筋子就直接剝下一小坨，當下酒菜，嗜酒的人可愛得呢。

　　再說到螃蟹，因為張國立嘴巴常說不能吃帶殼會過敏，還故意拿出他的氣喘噴劑示範。沒想到日本人真信了，一直叫他不要吃了，不能吃了，真的很擔心他的生命安危。可是到北海道不吃螃蟹不是太虧了嗎？鄂霍次克海的特產帝王蟹，火車便當已經吃很多了，我最愛的是毛蟹，這種蟹在北海道不用等秋天，整年都吃得到，只是依季節在不同海域捕獲。針對有些懶得啃的人，餐廳裡有種吃法很方便，師傅幫你挑出蟹肉裝在碗裡，上面再鋪上滿滿的蟹膏，淋上少許薑醋，一口扒光！滿嘴的秋意。還有一種蟹膏的做法是盛在小陶鍋裡，打個鵪鶉蛋進烤箱裡烤一下，攪和著蛋汁配飯下酒都可，這時已經顧不了膽固醇啦。

1：吃盡道產海鮮。　2：北海道人稱鮭魚卵為「筋子」。　3：柳葉魚握壽司。　4：蟹膏上打個鵪鶉蛋，再進烤箱烤。

登高眺望市區的好所在羊丘展望台，上面不知為何也有克拉克博士像。從羊丘上還可以看到札幌巨蛋，許多人去看陽岱鋼打球空檔順便一遊羊丘。

對了，很好奇，北海道人吃這麼多海鮮又嗜內臟，他們的膽固醇指數如何？

我想應該沒有太大問題。佐藤先生有位朋友姓久米，已經七十多歲，是很大的水產加工公司的社長，到台灣來旅遊時我曾經接待過他。久米先生請我們到家裡吃飯，首先端上來的一大盤各式魚貝的生魚片就夠豪氣，季節性的鯡魚卵和馬糞海膽也是毫不手軟大盤大盤地隨意取用。鄂霍次克海的新鮮海參用醬汁涼拌，還在動的野生蝦夷鮑，個頭雖小但肉質清脆彈牙，一部分吃生切片，另外也用奶油烤，香氣逼人。連搭配的蘆筍也是富良野當令現採，最簡單的生菜沙拉也能用色香味俱全來形容，這些全是久米太太親手烹調的。我一邊吃著比目魚鰭邊肉一邊稱讚叫好，久米先生大樂，他沒想到我們這麼會吃（還是懂吃？），拿了我們帶去的三十年陳年紹興酒先去拜了祖先，很高興地說我們能如此欣賞北海道的海產，一定要跟大家一起喝個大醉。

北海道人靠海吃海，吃魚長大，因此自豪。他們連形容詞也不忘帶上一筆說：「你怎麼忙得像條鮪魚。」

我和張國立的鐵道環島之旅，從札幌搭火車出發，在札幌吃海鮮結束。帶著大肚皮和數千張的照片，目標順利完成。

1：北海道神宮祭在每年六月舉辦，遊街隊伍繞行市區精華路段一整天，為北海道的夏天揭開序幕。
2：札幌車站站內冬季提供暖爐，讓大家取暖。　3：札幌電車。

國家圖書館出版品預行編目資料

火車慢跑！19 種你沒看過的北海道 / 張國
立、趙薇 著.-- 初版 .-- 臺北市：皇冠文化.
2013.12
面；公分（皇冠叢書；第 4357 種）（Party；
75）
ISBN 978-957-33-3040-0（平裝）

1. 火車旅行 2. 日本北海道

731.7909   102023792

皇冠叢書第 4357 種
PARTY 75

火車慢跑！
19 種你沒看過的北海道

作　　者—張國立、趙薇
發 行 人—平雲
出版發行—皇冠文化出版有限公司
　　　　　台北市敦化北路 120 巷 50 號
　　　　　電話◎ 02-27168888
　　　　　郵撥帳號◎ 15261516 號
　　　　　皇冠出版社（香港）有限公司
　　　　　香港上環文咸東街 50 號寶恒商業中心
　　　　　23 樓 2301-3 室
　　　　　電話◎ 2529-1778　傳真◎ 2527-0904

責任主編—盧春旭
責任編輯—徐凡
美術設計—程郁婷
插圖繪製—李洸慧
著作完成日期— 2013 年 09 月
初版一刷日期— 2013 年 12 月

法律顧問—王惠光律師
有著作權 · 翻印必究
如有破損或裝訂錯誤，請寄回本社更換
讀者服務傳真專線◎ 02-27150507
電腦編號◎ 408075
ISBN ◎ 978-957-33-3040-0
Printed in Taiwan
本書定價◎新台幣 340 元 / 港幣 113 元

● 皇冠讀樂網：www.crown.com.tw
● 皇冠 Facebook：www.facebook/crownbook
● 皇冠 Plurk：www.plurk.com/crownbook
● 小王子的編輯夢：crownbook.pixnet.net/blog